エッセイ

各駅停車の音楽人

北村智恵

エッセイ　各駅停車の音楽人

北村智恵

はじめに

　この本は、季刊「ムジカ工房通信」のうち、一九九四年四月春号から二〇一六年二月冬号までの、〈各駅停車の音楽人〉のページに収められていた文章のみ、時系列的に約半分選んで一冊にまとめたものです。ムジカ工房通信のための書き下ろしの場合はそのまま発行年月だけを文章の最後に記入し、初出が当時連載中の月刊誌の場合はその音楽雑誌名を、またＮＨＫラジオ深夜便「ないとエッセー」の場合はその放送年月日を併記しています。

　長い年月のうちに時代背景もすっかり変わり、現代の様子に合わない言葉や若い人達が知らない単語が出てきますが、あえてそのまま掲載することに致しました。「物」や「文化」がどのように変遷して行く時代にあっても、人として、一社会人として、「音楽」をなりわいとする人間の眼で見てきたことや考えてきたこと、学んできたことを、その折おりの自分の言葉で正直に書き連ねてきたからです。若い人達も含め、いろいろな世代の方がたに一つでも共感していただけることがあれば幸いです。

目次

楽譜の重み

「ほら、ほら、だめでしょ！　そんなふうに入れるとページがめくれたり表紙が折れたりして、本が早くいたんでしまうのよ。ページをめくる方を手に持って、背表紙のほうからカバンに入れるの。先生見ててあげるから自分でもう一度入れなおしてごらん！」

レッスンが終わって、生徒がピアノの譜面台にのっていた自分の楽譜をそれぞれ自分たちのカバンにうつしかえるとき、私は必ず見届けることにしている。こんなことは本当は子どもの幼児期のうちに親が教え、躾ておくべきことなのだが、最近そういう「合理性」や「物の大切さ」について教える親が少なくなったようで、子どもたちは、そういう基本的なことを何も知らないでいる。何でもないことだが、家で毎日練習のために出し入れする楽譜、そのうえ毎週レッスンのたびに自宅と先生の家との両方で、自分のカバンから出し入れする本であればこそ、本当はもっともっと大切に扱うことを初めの時期に教えておくべきではないかと思うのである。

カラフルな美しい表紙の子ども用ピアノ教材がたくさん出まわり、日本ではお金さえ出せば、いつでもどんな本でも買える世の中である。当然、子どもたちは「買い与えられる」ことに慣れているし、必要なページだけ安易にコピーしてしまうことに対しても慣れてしまっている。「手書き」で写譜することなど思いもよらないことであろう。でもそのような生活の中で、子どもたちは「楽譜」の本当の重みをどこまで知り得るのだろうか。「豊かさ」と「便利さ」が、楽譜の持つ「夢」「よろこび」「感動」などとはほど遠いところへ、子どもたちを押しやってしまったということを、私たち大人は少し振り返らなければ――。

私は決してお金持ちではないが、楽譜と本だけはたくさん持っている。多分、小さな楽器店や町のその辺の図書館よりは、楽譜や音楽書をたくさん持っていると思う。思い出深い楽譜や、苦労して手に入れた珍しい楽譜も含めて、自分がその曲に出会ったことやその曲を弾いていたことで、その時々、悲しかったり辛かったりした時期の自分の人生を支えてくれた、そんな「音楽の偉大さ」の象徴ともいえる「楽譜」を、どんなに家の中が狭くなっても捨てられないで、今もなお持ち続けているのだ。そして、そのことをとても幸福に思っている。自分の人生を支えてくれた音楽、音楽を通して出会ってきた様ざまな人たち、音楽との出会い、それらの証拠品としての「楽譜」を自分の身のまわりに置いておけるなんて、何と幸福なことなのだろう。

自分の研究ジャンルの資料として「楽譜」はとても大切なものとなっている。いつだったか楽譜を買いに民主化されたばかりのプラハへ行き、しばらくしてワルシャワへ行った。日本のように、たとえば楽器店のようなところで誰もが楽譜を一冊一冊、手にとって内容を見られるのではなく、鍵のかかっているガラスケースや木の引き出しから作曲家の名前と作品を言って、いちいち出してもらうというシステムになっていて、どんなに「楽譜」というものが貴重なものなのか思い知らされた。そしてもっと驚いたのは使い古した楽譜が売りに出されていることだった。中を見ると、子ども用のピアノ・メソードなど、説明のところに赤鉛筆で何か加筆してあったり、アンダー・ラインを引いてあったり、楽譜のフレージングを鉛筆でチェックしてあったり、その子が見落としていたのであろうシャープやフラットの書き込みがあったり、説明のための鉛筆書きのイラストまで書いてあったり――。ピアノ指導者としての私には、その本を使って、その子とその先生がどのような会話をかわし、どのようなレッスンをしていたのか、手にとるようにわかってしまうほど使い古された楽譜であった。その子とその先生が、人生の大切な「時間」を「共有」した証しであるように思えた。そんな大切な「楽譜」が、訪れたどの店でも何十冊も売りに出されている。気になってたずねてみたら、それらの使い終った楽譜を売って、それに少しお金を足してやっと次のテキストを買うのだという。「知識」と「技術」と「音楽性」を身につけること——頭と体と心だけで「音楽」を自分の中に残していくということであり、使ったテキストなど、かたちあるものは何も残らない。日本と違い、クラシック音楽に二〜三百年もの伝統があり衣食住に比べてうんとその価値も日常的なものであるはずのチェコやポーランドでさえ、使った楽譜を売って次の楽譜を買うという事実——民主化されたばかりの激動期の東欧——国そのものが今、貧しいのだと思った。愛着があったはずの楽譜を売らなければならなかったその子の気持ちを思って悲しくなった。でも、その楽譜を売ってまで次の楽譜を買っていったその子が住んでいる国の精神風土やその豊かさを思って、すぐに感動してしまった。

確かに私自身が使っているショパンの楽譜など、ヘンレ社（ミュンヘン）の原典版は紙も製本もしっかりしているが、ペー・ヴェー・エム社（ポーランド）のパデレフスキー版など紙が粗雑なうえ製本が目茶苦茶な時期のものなど、ページを開くだけで本がバラバラになってしまったり、本の真ん中を押えただけで一冊が急に二冊になってしまった（？）ものもあるくらい、『商品』として問題のある楽譜も存在する。いずれにせよ、どんなに立派な楽譜を使ってレッスンを受けたにせよ、どの子も人と競争することで練習を強いられたり、本の進度が進むことだけをよろこびとするような、そんな子どもたちにだけはなってほしくない。

それぞれ、自分が今使っている楽譜の一曲一曲に没頭し、納得いくまで「自分の音楽」を深めていける子ども、そうして一曲一曲こだわりを持って進み続け、「自分の時間」の象徴である、その「楽譜」をいつくしみ、大切に大切にできる子ども、そんな子どもたちであってほしいと私はずっと思い続けている。

そんな思いもあって、私は毎日毎日、特に幼児や小学生には言い続けているのである。「ほらほら、だめでしょ！　本をカバンに入れるときは、背表紙のほうから先に入れるのよ。わかった？　先生見ててあげるから、自分でもう一度入れなおしてごらん！」

（月刊「ショパン」一九九四年五月号より一部省略して転載）

幸福を知る才能？

我が家の小さな庭に大きなもくれんの木が一本立っているのだが、その若葉が五月になると、毎年、空を揺すぶるほどの勢いで萌え始め、今は六月の雨に洗われて緑がいっそう美しい。地面に立って下から見上げると、今年は、二階の屋根に届くほど大きくなっていて、「こんなに背が伸びちゃったら一体、根っこの先はどこまで広がっているんだろう」と、その根っこの何メートル先、あるいは何十メートル先の行方が、お隣の家の地下か、そのまたお隣の地下か、と、想像するだけで楽しく、しばし心を奪われてしまう。

ここ数年、毎日の平均睡眠時間は五時間がやっと、というほどの多忙な日々を送っているというのに、不思議にも何のストレスもなく、何とか元気に暮らせているのは、きっと、それぞれの季節、それぞれの日々、何でもないような「ささやかなこと」にも心を奪われ感動できる、という、一種の才能（？）を神様が与えて下さったからだと信じ、感謝している。

講演の仕事などで、あちこち移動することも多く、一月の末に那覇で満開の桜を観ることもあれば、三月下旬に松山で、同じように満開の桜を観たり、五月の中旬に仙台で、花吹雪に出会うこともある。そのたびに、「はーるのよいー、さくらがー　咲ーくーとー」などと歌いながら、何度もそれぞれの色の微妙な違いや淡い香りに酔いしれることができるのだから、これはもう、おめでたいとしか言いようのないほど、しっかりと「幸福」を味わう才能が備わっているとしか思えない。人が見過ごしてしまうような些細なことを見つけ、感じ、こだわる、誰に教わったわけでもないが、幼いころからそういう性格だった私は、今でこそ、そのことを幸福に思えるようになったが、子どものころには何かと問題児扱いされることが多くて時々、辛い目にあった。

小学校二年の春の遠足のときだった。お弁当を食べ終えて、友達が「たんぽぽ」を見つけた。「あっ、たんぽぽ！」と叫んでそばへ寄り、二～三本ちぎって担任の先生のところへ持ってきた。「先生、たんぽぽ！」と言って差し出すと、先生もすかさず「かわいいね」と言い、その友達も「うん、かわいい」と言ったが、そばにいた私は正直に違った意見を言ってしまった。「私、たんぽぽ、きらい」――。先生は理由も聞かずに私に言った。「あら、あなたってひねくれた子ね。たんぽぽさん、かわいいじゃない」と。そのひとことで私は続きが言えなくなってしまった。「だって、たんぽぽっていじわるだと思う。お空から、ひらひらって飛んでくる蝶々やスイッと飛んでくるミツバチさんにはちゃんと甘い蜜をあげるのに、地面を這ってきて、そのうえ、いっしょうけんめい茎を登ろうとしているアリさんには、ギザギザのトゲトゲの葉っぱで邪魔するんだもん」と言いたかったのに。

たんぽぽを、その花だけ、しかもいつも上からばかり眺めている大人には「たんぽぽ＝「かわいい花」というイメージしかないのかも知れない。しかし、しゃがみこんで、いろいろなものと対話できる子どもは、その感性で別のものを視る。

私はそのことを忘れない大人であり続けたいと、いつも思っている。

いつだったか平吉毅州ピアノ曲集「虹のリズム」の中で「たんぽぽがとんだ」という曲をレッスンしていたとき、その生徒に「わたぼうし」の軽さを教えたいと思い、わたぼうしになってしまっているたんぽぽを探して、一緒に摘んできた。スタッカートのタッチだけ技術として教えることよりも、わたぼうしが飛ぶさまと軽さを体験として知らせることのほうが、自分でイメージを持って「音を創る」だろうと思ってのことだった。まっ白い

・・・ふわふわを目の前に持ち上げ、二人して大きな息で吹きとばしてみたが、全く飛ばなかったので手折ってしまったことを申しわけなく思い、コップの水の中に生けておいた。それから何日か経つと、窓からの風だけでわたぼうしが飛ぶようになった。白いふわふわができても、飛ぶようになるまでは、また何日もかかるということを知った。

それは我が家のテーブルの上でのできごとであったが、すべてのものに「時期」がありすべてのものに「役目」があることを知るのに充分なドラマであった。

この春、大学生となったある男子生徒が、レッスンの日ではないある日、私に相談があると言って、突然やってきた。

練習を怠けたり、レッスンを無断で休んだり、いろんな日々があったが、小学一年生の春から今日までの十二年間、細ぼそながらも何とか続けてきて、「おまえ男のくせにまだピアノ習ってんのかァ?」と言われるのがいやで、うそをついて内緒でレッスンに来ていた小学校高学年のころ、そしてバスケットボールの部活に明け暮れていた中学、高校時代、そのうえ受験生だった今年の春も含めて私にとっては、今日まで続いてきたことだけでも、その子に対して褒めてやりたい気持ちで一杯だったから、覚悟をして聞くつもりであった。

「大学生になったので、もうピアノをやめます」という言葉を。

ところが意外なことにその相談とは「電子ピアノを買いたいので選んでほしい」という内容であった。大学生になったらアルバイトをしたいので帰宅の遅い日は夜でも練習できるように、というのが理由だった。しかも、お年玉や今まで貯めていた自分のおこづかいで買うと言う。私は感動で胸が一杯になった。

「やる気があるの？ないの？どっちなの？そんなに練習しないいんだったら、ピアノなんかさっさとやめてしまいなさい！」――ピアノの先生の常套文句であるが、私は言ったことがない。

ちっとも練習をしてこない日が続いても、無断でレッスンを休む日があっても、「先生はレッスン室で待っているのよ」と、その気持ちだけを伝えて本当に待った。続くのがあたりまえと、「音楽」の偉大さも「子どもたち」の人間性も信じることができたから、本当に待った。

「待つ」ことが私の、彼らに対する愛情であり、教育であった。

たんぽぽだけではない。すべてのものに「時期」があり、すべてのものに「役目」があることを、この春またひとつ知った。

私は、私の「役目」を果たそう。これからもずっと。私は演奏家ではないから、舞台の上の一時間で人に何かを伝えることはできない。だが、すぐに結果の出ないものが「音楽」であり「教育」であることを知っている。

出会ったすべての子どもたちが「幸福を知る才能」を身につけてくれるように、これからもずっと、私は、私の「役目」を果たそう。

（月刊「ショパン」一九九五年三月号より一部省略して転載）

人が繋がる「コンサート」を

小澤征爾指揮、新日本フィルハーモニー交響楽団のオペラ「セヴィリアの理髪師」を観に、アルカイックホールへ行った。アルカイックホールのある兵庫県尼崎市は、今回の大地震の被災地でもある。

開演の時間となって場内が暗くなり、オーケストラ・ピットにスポットライトが当たった。そこに浮かびあがったオザワが手にしていたものは指揮棒ではなく〝マイク〟であった。もうすでに拍手は湧き起こっていたが、彼はそれを制するように、だが声高ではなく「皆さん――」と語りかけた。それは静かな呼びかけであった。

「皆さん、このたびの阪神大震災で多くの方がたが亡くなられました。開演の前に、その方たちの冥福を祈って、(――)演奏をしたいと思います。バッハの『アリア』を演奏します。演奏が終わっても拍手をしないで下さい。そして一緒に祈って下さい。」

一瞬、シーンとなった場内にオザワのいつもより低い声が流れた。張りつめた空気の中で、透明感のある美しい弦のひびきが生まれ、流れ始めた。どの人にとってもあんなに聴き慣れているはずの、いわゆる〝G線上のアリア〟が、こんなに新鮮で美しい音楽として心に響く体験をしたことは他になかったのではないかと思う。

張りつめた空気の中で、旋律のアタマのFisの音が生まれてきたとき、(鳴り出したときではない、生まれてきたときという表現がぴったりであった)、私は不思議な体験をした。確かにその音は、新日フィルの弦のパートの人達が出した音ではあるが、私にとっては、自分の心の中にあった音が引き出されて宙で鳴り出した、そんな感じがしたのであった。

指揮者を含めてオーケストラ全員の魂と、聴衆の魂が一つになるというのは、こういう体験のことを言うのではないか――あとでふとそう思った。そこには、きっと、他者に対する思い――「祈り」――同じ「人間」としての――があったからに違いない。しかも会場は被災地である。聴衆の中には、友人や隣人を失くした人もいたであろう。そういう機会にふれて、他のどの地域よりも、人びとは心から、「祈る」というかたちで「演奏」に参加しただろうと思う。それがあの音、あの音楽になったのではないだろうか。そのときの新日フィルの演奏は、本当に心のこもったものであった。フレーズの切れめにも、次のフレーズの出の音にも、最初から最後まで緊張感がみなぎり、場内のすべての人間が、一緒に呼吸していた。「息」という漢字は自らの心と書く、そんなことの意味がわかるような気もした。その音楽を演奏する人間も聴く人間も、自らの心を、共に呼吸することで、つまり、その息づかいで、互いに寄せあっていたのだと思う。いい場面に立ち会うことができた幸せを、私は、帰りの電車の中でも一人でかみしめていた。

オペラ開演前の、オザワの「静かな呼びかけ」の言葉をこの文章に書くとき、私は、「皆さん」のあとに続く言葉の途中に（――――）と書き入れてしまった。思わず入れてしまった。

オザワは言わなかったが、私には聴こえたのであった。「僕たちは音楽家なので」という言葉が。

「音楽家である僕たちにとって〝祈ること〟は〝演奏すること〟ですから」という言葉が、私の心の中に確かに届いたのであった。

「祈り」というものが、「他者への思い」であるとするならば、「演奏家」にとっての「演奏」は、「音楽家」にとっての「音楽」は、とりもなおさず「祈り」である。それは何よりも確かな「祈り」ではないか――。

彼は（――――）の部分を、言葉にしては言わなかったが、私はそのとき、心の耳で確かに聴いた。「僕たちは音楽家なので」という言葉が確かに聴こえたのであった。

それは、私が音楽をしている人間だからかも知れない。あるいはまた、音楽を愛している人間すべてに聴こえた言葉かも知れない。


「セヴィリアの理髪師」は喜劇である。人によっては「こんなときに」「この地で」と思う人がいるかも知れない。また、内容の如何にかかわらず、オペラやコンサートそのものの開催に対して、「こんなときに」と思う人がいることも、容易に想像できる。

私は、（これはとても勇気のいる発言だが）私自身は、「こんなとき」だからこそ、オペラやコンサートが開かれるべきだと思っている。私自身も含めて、音楽をなりわいとしている人間は、音楽することでしか人の役には立たないのだから、逆に言うと、「こんなとき」だからこそ、音楽することで人の役に立ちたいと思う。

日本では、衣・食・住のあとに「文化」が在る。芸術や文化というものが「贅沢なもの」

と考えられたり、「生活必需品ではない」から、衣・食・住のあと「余裕があればその次に」と考えられがちである。

だが、人が、悲しいとき、辛いとき、苦しいとき、一冊の本が生きる希望を与えてくれたり、一点の絵が心を慰めてくれたり、一曲の音楽が生きる元気を出させ、励ましてくれる場合もある。芸術や文化というものは、目に見えないが、感動という働きで一人の人間に、希望や勇気など、生きる力を与えたり、人が人と繋がって行く「連帯感」を与えることもある。

一きれのパン、一個のおにぎりも大切である。だがそれが人の命を救い支えるのと同じように、一冊の本、一点の絵、一曲の音楽が人を救い支えることもある。

わたしは、常づね、人間にとって最も大切なものは二つしかないと思っている。「いのち」と「尊厳」と――。「死」に直面したときや、極限状態のときこそ誰にとっても大切なものがよく判かる。人間が、最終的に失ってこまるものは「いのち」と「尊厳」だけではないだろうか。

そう思うとき、その二つのものを支えるのは、愛であったり、宗教であったり、文化や芸術であったりすることもあり得るということが、よく解かると思う。人間の「生きて行く力」を支えるのは、決してパンやおにぎりだけではないのだということが。

戦争の爆撃で国立オペラ劇場を失ったウィーンの人たちが、生きる力や元気を出すために、衣・食・住ではなく、まずオペラハウスを再建したことはよく知られている。しかもその資金を調達するのに、オーストリア政府は「ダム建設」という名目で世界銀行からお金を借りたという。国と人びとが「復興」するのに、本当のダムや、衣・食・住にかかわることではなく、「オペラ」の存在が大きな力を果したというのは、その国の歴史と国民性を物語っていると思う。


阪神大震災のあと、「どうせ客入りが悪いと思うので」という理由でコンサートが延期されたり、中止された話もいくつか耳にした。

私を含めてムジカ工房のスタッフ全員が、昨年から予定していた今年の一月末と三月のコンサートを「こんなときだからこそ」予定どおりに開き、人びとに「日常」をとり戻してもらったり、心安らぐひとときを持ってもらうために役立ちたい、と考え、あえて決行した。

確かにいつもと違って予想以上に随分チケットの売れ行きも動きも悪かったが、いずれのコンサートも、最終的には、日頃から支援して下さっている方がたの協力もあって、何とか客席を埋めることができた。

一月のコンサートのとき、招待した被災者のうちの一人、ある女性から言われた。「家が全焼してしまってから、一日としてゆっくり眠れた日はありませんでした。それなのに今夜、美しい音楽を聴きながら私、いねむりしてしまったんです。きっと初めて安心したんでしょうね。今までコンサートでいねむりしたことなんて一度もなかったのに。」

安心という言葉を聞き、私はそれだけで充分だと思った。堀江真理子さんの美しいピアノの音と心のこもった演奏を聴いて、心安らげばこそ、神戸での被災後、初めて、安心して眠りに誘われたのだと思う。

また三月のコンサートは声楽だったが、伴奏者であるピアニスト自身が被災者で、住宅が崩壊し自宅のピアノで練習することができず、別の場所でピアノを借りて練習して下さったそうだが、彼女からも、「このコンサートが予定どおりにあって良かったです。地震のショックでボーッとしてしまったり、何をしたらいいのかわからなくなってしまうところでしたけど、これからの自分を見つけるためにでも、このコンサートがあって本当に良かったと思っています。私で役に立つことがあれば何でもおっしゃって下さい」と言ってもらったりした。もちろん、その日のソプラノもバリトンも素晴らしく、地震のとき最も恐ろしい思いをしたはずの、介護者を必要とする「障がい」者の方たちも、何人かコンサートを聴きに来られていたが、「歌」に感動して夢中のあまり、思わず一緒に声を出してしまった人や、翌日になって不自由な言葉で私にその感動を伝えるためにわざわざ電話をして下さった方もあった。その人たちは、自分たちの生活圏内、「地域」で開かれるコンサートだからこそ参加して下さったのだと思う。

私は、いつも思っている。「障がい」者にとっても、高齢者にとっても、日本では、まだまだクラシック音楽が「みんなのもの」にはなっていない。でも、本当はそういう人たちにとってこそ、心のうるおい、心の励まし、心の支え、心の希望となる「音楽」が必要なのだと。同様の理由で、今、大地震の被災者となった人びとにとっても、「こんなときだからこそ」人びとを繋ぎ、連帯させ、慰め、励まし、生きる力や元気を心の中に湧き起こさせてくれる「音楽」が必要なのではないか——と。

ムジカ工房が中心となって、五月から毎月十七日、阪神大震災被災者救援のためのチャリティ・コンサートを開くことになった。大企業のように大きなコンサートはしない。だがその代わり一回きりではなく、長く、継続して行なうことを前提に準備を進めている。

〝始めなければ始まらない〟その心情で公演賛同者を募り、演奏家、及びそのスタッフ、そして何よりも「聴衆」が、心を合わせて、被災した町と人びとのために、チャリティ公演を通して継続的な援助を続けて行きたいと考えている。


人が、共に生きて行くということはそういうことなのではないだろうか。

私たち音楽する人間は、音楽することでしか人の役に立てない。音楽することで人の役に立ちたいと思う。人の役に立つために音楽したいと思う。

コンサートは元来、その理想的なかたちではなかったか——。

音楽を愛する人たちは「聴衆」として参加してほしい。「聴くこと」でさえ、人の役に立てるというところが、「音楽」の素晴らしさでもある。

人が助けあうこと——同時代この地球上で共に生きている偶然を、共に生きて行く必然に変える力を、音楽は持っていると思う。

共に生きて行くことの素晴らしさと感動を分かち合うために、どうか音楽が、もっともっと役に立ちますように、と、私は、心からの祈りを抱いて今日も願い続けている。


（一九九五年四月号より）

「大らかさ」と「こだわり」と

仕事先から帰宅すると、留守中の来客のお土産が置いてあった。昔で言うところの「一斗罐」や、ちょうどその半分のサイズの罐の贈答品が流行っているようで、似た罐が既に家にいくつもあったので、「また同じお菓子かしら?」と言いながら包装紙をよくみると、違うものであった。会社名の下には原材料や製造者の住所が印刷されているらしかった。(実は!最近、小さな文字が読みにくく、まさに「ハナせばワカる四十代」!)添加物の有無を知りたかったので「こんな小さな文字、老眼のお年寄りには不親切な表示だわねエ」なんて、わざと人ごとのように言って、近くの引き出しから手つきのルーペを取り出して、大げさに片目をつぶって「フム、フム」などと言いながら、漫画の「エジソン」や「お茶の水博士」のような格好でそのルーペを覗き込んだら、そのレンズの向こう側から浮かび上がってきたのは製造元の住所で、何と！「福岡県直方市下境字餅米もちだんご村　餅の神社前　株式会社もち吉」という文字であった。おもわず噴き出してしまった。

「ちょっとオ、見てエ！アザ餅米もちだんご村だって〜」「えッ?何、それ?」「このお菓子の会社の住所よ住所！」「えッ?うっそオ〜、それ本当の住所?」「本当よ、本当！ホラ見てよ！」というわけで我が家は大さわぎになった。

実はその日はとても忙しくて、私も、そして二人のスタッフも、時間に追われて疲れていて、どちらかと言えば三人とも、いつもより無口になっていたときだったので「お茶にしよう！」ということになり、そのお菓子をとり出してみた。お菓子のあいだから『アンケート葉書』が出てきた。宛先の住所はやっぱり同じであった。「この住所、やっぱり本当みたい…」と言うと、夫が「どれどれ」と言ってその葉書をまじまじと見た。そして「株式会社もちキチかア…」と何気なく言ったので、「屋号だからもちヨシじゃないの?」と言った私に、彼は、「僕は多分もちキチだと思う」と真顔で言うので、「そんなの、おもしろすぎるわよ、もちだんご村のもちキチさんなんて」と言っているうちに、持ち前のB型虫（好奇心）がムラムラと湧いてきて、「電話で聞いてみよう」ということになった。

受話器の向こうから女の人のきれいな声。「ハイ、もちキチでございます」——その人に申しわけなかったけれど、三人で大爆笑。疲れも一度に吹きとんでしまった。

超多忙の日、ちょっと覗き込んだルーペのレンズの中から、思わぬ疲労回復剤がとび出してきたのであった。まさに日常の隙間から。


いつだったか、「テーブル栽培」というキャッチ・フレーズの、ミニ・カップラーメンそっくりの発砲スチロール容器に入った「かいわれ大根」の種子を買ったことがある。フタをめくり、水を注いで、陽あたりの良い窓辺に置くだけで、一〜二週間たてば、容器の中の白いスポンジの上に、緑色の、かわいい「かいわれ」がニョキニョキと芽生えてくる、そんな説明が容器の外側にイラスト入りで書かれていた。植物を育てるのが大好きな私は、特にその育ちゆきをテーブルの上で毎日眺められるなんて本当に楽しみなことだと思い、買ったその日に、早速フタをあけて水を注いだ。めくったそのフタを捨てるとき、フタに印刷された小さな小さな赤い文字が、何となく気になり、フタの円周に添って書かれていたので、くるくると回しながら読んでみた。

「二週間たっても発芽しない場合は」という書き出しであった。よくある、「不良品の場合のおとりかえ」についての表示である、と、一瞬にして思ったが、根気よく順番に、くるくる回しながら最後まで読むと、それは違っていた。

「二週間たっても発芽しない場合は、誠に恐れ入りますが、笑ってすませてください」

そう書かれていたのであった。——思わずクスッと笑ってしまった。何とオシャレな表示。そして、何と大らかな発想——。

この手の表示は大抵こうである。「二週間たっても発芽しない場合は、誠に恐れ入りますが、弊社まで御一報ください。送料は弊社負担にて良品とおとりかえさせていただきます。」それはそれで企業としてはとても誠実な対応であり、かつ、そのための表示である。が、「笑ってすませてください」という大らかな発想もまた、捨てがたいような気がする。人がピリピリしていたりギクシャクしている今の日本の社会とその現実の中で、「故意」や「悪意」でない限り、「笑ってすまそう」とする発想もまた、別の意味で尊いもののような気がした。

翌日、同じものをもう一つ買いに行った。私より二十歳も年配の方だが、そんなことが解かる人だと信じて、宅急便で送ってみた。二週間たって送られてきた手紙には、こう書いてあった。

「大らかさを送ってくださってありがとう。忙しい僕に、こんな素敵なものを買って贈ってくださるあなたのやさしさに感謝します。でも、残念ながら発芽しました。せっかく笑ってすませたいと思っていたのに――」

心が通じていると思うととてもうれしかった。

「餅だんご村」の件といい、「笑ってすませてください」の件といい、読む気が起こらないくらい気付きにくい小さな文字だった。だが、ちょっとこだわって読んでみたとき、思わぬ大らかさと出会うことができた。言わばこだわることの中で発見し、こだわることで人間の大らかさに出会えたのだと思う。

大っぴらに書いていないのに気付いてくれる人――そんな人にはきっと共感してもらえるに違いない、と人を信じ、他者に対する信頼や連帯感のようなものを発信している人たちが日本のどこかに何人もいるということではないか。人に対する信頼や連帯感が原点となっている心の持ち方を「大らかさ」と呼ぶのではないだろうか。

私の生徒の中で、ある日、「先生、このオト消して！」と言った子がいる。レッスンのとき、曲の最後の部分で、その音が弾きにくいため、どうしてもミスタッチしたり、テンポが乱れたりして、「気分よく終われない」からだと言った。私は、修正液をチョンチョンとつけて、その音符を消してやった。その子は目を輝かせて「先生、ありがとう！」と言って楽しく弾いた。同じ曲でも、編曲によって音の数や音の入り方は違う。音楽上、必然性のある音を消すわけにはいかないが、たまたまその編曲だから入っているだけの音なら、抜いたり書きかえたりするだけの「大らかさ」を私は持っていたいと思う。楽譜どおりのディナーミクではない演奏をしたときも、それがその子にとっての自然な表現であれば、その表現に合わせて、楽譜の強弱記号のほうを書きかえ、それを認識させることにしている。譜面どおり再現させることだけが音楽の勉強ではないと思うから。大らかに豊かな道を歩いた子どもたちは、技術も知識も、音楽上必要なことは必ず、自らきちんと身につけてくれる。私はその子の歩幅で同伴するだけ。

何にこだわり、何に大らかでいるか、ということの「選択」が、子どもたちを「人間」に育て、「音楽人」や「音楽家」に育てていくのだと私は思っている。

（月刊「ショパン」一九九五年三月号より一部省略して転載）

音楽と政治

パデレフスキーというと、一般的にはあの有名なト長調のメヌエットが思い浮かび、また、ピアノを専門に勉強している人にとっては、ＰＷＭから出版されているショパン全集の編集・校訂者としてその名前が思い浮かぶのではないかと思うのだが、いずれにせよ音楽家パデレフスキーを知っている人は多くても、ポーランドの独立運動に力を尽くし、独立を回復した「ポーランド共和国」最初の首相兼外相としてヴェルサイユ条約に署名した・・・政治家であったことを知っている人は意外と少ない。ナチスのポーランド侵略後アメリカに渡り、演奏を通して祖国支援のための様ざまな活動を続けたが、そのアメリカで、彼は亡くなってしまった。

私は本当にラッキーな人間で、初めてポーランドへ行ったとき、その滞在中に、パデレフスキーの遺骨がアメリカからポーランドへ帰ってきて、それを迎える国家のセレモニーに招待してもらった。国家主催のため、すべて招待制――一般には参加できないところを、ワルシャワフィルから招待状を出してもらってモーツァルトのレクイエムを聴き、セレモニーに参加させてもらった。

私の席の斜め前方のバルコンにワレサ氏が入場してきて全員起立そして拍手。着席したとたんオケがポーランド国歌を演奏しだしたので又もや起立。ポーランドの国歌を初めて聴いた。３拍子のシンプルなマズルカだった。私たち日本人にとって国歌が３拍子なんて考えられないことだが欧米の人たちにとっては、言葉のアクセントやイントネーションから、３拍子という拍子感がきっと自然なものとして生まれてきたのに違いない。そう思うと、まるでお経のように母音をひき伸ばして歌い、言葉とは何の関係もないリズムやメロディーでできている「君が代」とは対照的だと思った。

モーツァルトのレクイエムは、頭からとても速いテンポで、何となく落ちついて聴けなかった。合唱も、その日のためににわか仕立てしたような感があり、ワルシャワフィルの合唱団にしては何となく雑で大あじだったと思う。フレーズの頭が揃っていなかったり、フレージングのときの子音が揃っていなかったり…。でも、珍しいパデレフスキーのドキュメントフィルムの中で、彼自身の自作自演やショパンの曲の演奏を聴けただけでも、本当に、招待してもらったことを有難く幸福に思った。

パデレフスキーは、正直に言うとピアノの演奏はあまりうまくないと思った。音楽における説得力はあるが、少しハッタリ的。音が汚い（録音のせいではないと思う）のは、テクニックのまずさから出ていると思った。

彼はポーランドが完全に自由な国になるまで祖国には絶対に帰りたくないと、遺書に書いていたそうで、第二次大戦が終わってからも、社会主義国家の間は返されず、このたびの民主化に伴い、彼の没後五十年もたってからやっと、その遺骨が祖国に返されることになったという。命日でもある六月二十九日、彼の遺骨がポーランドに届けられ、それを迎える国家のセレモニーだったのである。

幸運にも私は、その歴史的瞬間に立ち合うことができた。そしてその翌日、何と、彼の棺の前で写真まで撮ってもらった。その昔、クラクフからワルシャワへ都を移したジグムントⅢ世の像が高い塔の上に立っているザムコヴィー広場の真ん前、今は博物館にもなっているワルシャワ宮殿に、たった一日だけ置かれたパデレフスキーの遺骨と棺。もちろん撮影禁止の厳粛な場所で、何と、警備官自ら、写真撮影を勧めてくれたのだった。私は、日本から来ているというだけで、それは偶然だったのに、随分、配慮や特別な扱いをしてもらった。(彼らは、私が、そのセレモニーのためにわざわざ日本から来たと思ったらしい)有難い誤解と親切に感謝しながらワルシャワ宮殿を出た。

それにしても、作曲家であり、ピアニストであり、初代の首相でもあったパデレフスキーの生き方を思うとき、日本の政治家で、演奏活動のできる人なんているだろうか、そしてまた、逆に、日本の音楽家で政治家になるような人がいるのだろうか、と思うと、何だか日本という国が、どんどん淋しい国に思えてきたのだった。

ポーランドという国はとても不幸な国だと思う。幾度も侵略され、分割され、地図上から国名が消えてしまった時代もあった。戦い、独立してもそれはつかの間、またもやナチスの侵略、そしてその解放者ソ連は新たなる支配者——と、そのような不幸な歴史を歩まねばならなかった国民たちだからこそ、誇りを持って生きるためにも音楽という芸術の偉大さをより深く知り得たかも知れない。ショパンもパデレフスキーも、祖国の独立を強く願い、それぞれ違った方法で祖国への思いを果たそうとして生き、そして、外国で死んだ。その死後も、それぞれの「音楽」で、ポーランドの人びとの心を支え続けている。

ポーランド国民の心を支え、繋げ、励まし、如何なる状況の中をも、ポーランド人であることの誇りを持って彼らは生きている。

音楽も政治も、やはり、原点は同じであるべきだ。いのちと尊厳——その二つを支え励ましてこそ「本もの」と呼べるような気がする。

（一九九五年十月号より）

ショパンの国

三年ぶりに降り立ったワルシャワの空港は驚くほどの変貌ぶり。パスポート・コントロールのところなど、以前は、銃を持った人がこわい顔をして立っている張りつめた空気の中で、滞在目的や宿泊先を根掘り葉掘り訊かれたり、所持金のすべてを申告しなければならなかったり、「この国には電気がないのか」と思うほど暗かったことが強烈な印象だったが、今回はそんな緊張感も暗さも全くなく、照明のみならず空港の職員の表情まで、何だかとても明るい感じがして、特に、壁がピンクに塗られているのには拍子抜けしてしまった。

成田からも関西空港からもポーランドへの直行便がないので、飛行機を乗り換えるためにアムステルダムのホテルで一泊したとき、ニュースを見ようとしてテレビをつけたら、何とオランダでも、日本と同じように「携帯電話」が大流行しているらしく、教会の「神父さん」まで、誰もいない森の中から恋人にラブ・コールしているというケッサクなCMが何度も流れていたくらいだが、ポーランドではそれどころか、まだまだ電話事情が悪くて、何度も混線したり、違う番号にかかったりかかってきたり、ワルシャワ市内どうしでもなかなかかからないときもあり、電話に関してはまだまだ遅れているのだなと思う。

それでも、どのお店でも「物」はたくさん並んでいたし、お金さえ出せば何でも買えるようになっていた。デノミ後なので、どんな商品でも新旧両方の価格が表示されていて、紙幣も新旧ともに使われていたが、今回の滞在期間中、三週間もいたのに、あの「ショパンのお札」はあまりにも価値がなくなってしまったようで、とうとう帰るまで一回も目にすることはなかった。

さて、ショパンコンクールだが、今回その期間中ずっとワルシャワにいて感じたことだが、ポーランド人にとっての「ショパンコンクール」とは、日本における「相撲」のようなものだと思った。国民の多くが関心を持ち、会場は一杯。席がとれなくても立ち見席でも聴き続け、出場者にサインを求めたり、出かけられない人でも、毎夜おそくまでテレビで、「大相撲ダイジェスト」ならぬ「ショパコン・ダイジェスト」があって、それを見ながら、ああだのこうだのと言って優勝者を予想し合ったり——本当に、その関心度は、五年に一回しかないというのに、日本人にとっての「相撲」なみで、かつ「日常的」である。

　コンクール期間中、第一次選から受賞者コンサートまで、ずっと同じ席で演奏を聴いた。毎日毎日、朝十時から午後二時まで、そして午後五時から夜九時まで、つまり一日に八時間も、その日の課題曲を三週間聴き続けることになるのだが、私の席の右横は通路で、いつも、ちゃんとした席を買えなかった人たちがぎっしりと座り込み、あるいは立ちっ放しでも聴き続けていた。それはいつも、人の好さそうな太ったおばさんだったり、Gパン姿の中・高校生の男の子たちだったり、ボーイフレンド・ガールフレンドのカップルやグループだったり、家族連れだったり、いわゆる、ポーランドの「ふつうの」人たちで、決して音楽家や、音楽を仕事にしている「専門家」ではない人たちばかりである。それでも、風邪をひいている人が鼻水をすするときや、ティッシュペーパーをバッグから取り出そうとするときのチャックのあけ閉めまで、ちゃんと、ワルツの一拍めに合わせて一小節ごとに小刻みに動作していたり、バラードやスケルツォでは、フォルテの部分まで待ってから、はなをかんだりしていたことを、私は、凄いと思った。「さすがショパンの国だなア」と、私は妙なことで感心してしまった。

　あるとき、私の左横の席に、かなり高齢らしき老夫婦が座っていて、二人の会話はポーランド語だったが、休憩時間に、夫人のほうが私に英語で話しかけてきた。私が日本人であることを確かめてから、その日の本選で弾いた日本人ピアニストのそれまでの演奏についてどう思うかと質問してきたのだが、私が自分の正直な感想を述べると、彼女は急に心をひらき、いろんなことを話しだした。夫は九十歳、自分は十歳下だと言っていた。

そのうち彼女は、急に、自分の夫の自慢話を始めた。今はこんなに年寄りで、弱っていて、皆は知らないかもしれないけれど、彼は若い頃すばらしいピアニストで、音楽学校で教えていた長年の間に、たくさんの生徒を優秀なピアニストに育ててきた——要約するとそんな話だったが、その「自慢話」のときだけ、英語の解からない夫のためにポーランド語で通訳しながら、私に向かって「自慢話」を続けた。彼女が、年老いて弱ってきている夫を励ましたい一心で、どんなに夫のことを誇りに思っているかを伝えたいために私に「自慢話」をしているのであろうことが痛いほど感じられて、その老夫人の「愛」を手伝いたい気持ちで一杯になり、私まで一緒になってその老人に向かって“You are great!”を連発してしまった。彼は涙とはなでクシャクシャになった顔を近づけて私を抱き、「ジェンクーイエン」（ありがとう）を繰り返した。そして、「あなたは作曲家の中では誰が一番好きか」と訊くので、「私は、バッハとモーツァルトとショパンが一番好き」と答えると、「僕とまったく同じだ。日本人である若いあなたとポーランド人である年寄りの僕が、同じようにバッハとモーツァルトとショパンを愛しているなんて、やっぱり音楽はすばらしい」と言い、「ショパンがあなたに出会わせてくれたと思う。やっぱり長生きして良かった」と、つけ加えて言った。私は、その夫人のためにも、もっともっと彼に長生きしてほしいと思い、

「次のショパンコンクールでも会いましょう！五年後、この場所で、必ず会いましょう！」と提案し、彼に握手を求めた。彼はまた涙とはなでクシャクシャな顔を近づけ、私を抱いて、今度は何も言わずに私の背中をトントンたたいた。

九十五歳まで生きている約束を、彼は心の中で私にしてくれただろうか——。

別れぎわ、夫人が私の手を握り、涙をうかべて言った。"You are a Japanese. But you are very kind."

but の意味はさておき、私は、自分の思いが通じていることを感じて胸が一杯になった。

どこの国でも人間は皆、同じだと思った。

私は「人間」が好き。

人を愛し続けたいと思う。

（一九九六年一月号より）

言葉とイマジネーション

春になった。堤防の上を車で走っていると、毎週同じ曜日、同じ時間に通っている道なのに、ある日突然フロントガラスの向こうから、風に揺れる黄色い波が目に飛びこんできたりする。川岸に並ぶ西洋からし菜の群れ――。満員電車の吊り皮にぶら下がって何気なく窓の外を眺めていても、やはり、線路ぎわに続く菜の花畑に風が渡ると、遠くで、近くで、黄色い波が春を告げている。

ついこの間まで無彩色だった風景が、こんなに鮮やかな黄色で饒舌に春を語り出すと、自分だけがとり残されているようで、ふと、孤独感を覚えたりするから不思議だ。

こんな感覚の体験は、人間誰しも一度や二度はあるのではないか――。

「ものを知っている」あるいはまた「ものを知ろうとする」ことは、本当に大切なことだと思う。特に、音楽、文学、美術など、芸術を志す人間には、いろいろなことや物などを知っていなければ、他者との心の接点を持つことは難しい。人間にとって、共感や感動は他者との間にどれだけ共通の感覚や認識があるかによって、その度合いもまた変わってくるはずであり、それは「体験」とも深くかかわりのあることである。

何年か前、私が、日教組教育新聞にコラムを連載していたときにも書いたことのある話だが、遠足のときに、ある小学生が、「あっバタケーニだ！」と叫ぶので指さす方向を見たら、何と菜の花だった、という話。その子は菜の花の実物を知らずに、童謡や唱歌のレコード・ジャケットの写真でそれを見ていて、「ナノハーナバタケーニ」ばかり何度も聞かされているものだから「何の花？バタケーニ！」と捉えていたらしく、菜の花の名を『バタケーニ』と思い込んでいたという。（そう言えばメロディーもバタケーニのほうが盛り上がっている）

ものでも風景でも、本ものを見て感動するという「本当の体験」も正しい知識も持ち合わせていない子どもたちが、それでもピアノなど習っている時代である。たとえば、そんな子どもが、ピアノのレッスンの中で、「朧月夜」のヴァリエーションなどを弾くとき、一体、どのようなイメージを持って弾けば良いというのだろうか――。

『菜の花畠に　入日薄れ　見わたす山の端　霞ふかし　春風そよふく　空を見れば　夕月かかりて　におい淡し』

菜の花・入日・山の端・霞・春風・夕月……ボキャブラリーが貧しく、同様にイメージの貧困な今の子どもたちにとっては、こんな歌すらイメージを持って歌うことはできない。(何しろバタケーニである！）まして、言葉のないピアノ曲を、その曲にふさわしい音色で弾くということなど、一体、どうしてできるというのだろうか。一般に、今の子どもたちは本当に言葉が貧しい。子どもたちばかりではなく、若い人たちもそうなのだが、数少ない単語や流行語だけで「会話」している。「対話」にならないことの原因もそこにあるような気がする。「スゴイ」と「メチャ～」だけで『感動を伝えた』つもりでいるから、話が、人間としての対話にまで発展しないのである。

だが、今の子どもたちのボキャブラリーが貧しいことも、ものを知らなさすぎることも、それは子どもたち自身のせいではない。周囲の、「ちかごろのおとなたち」が、日常生活の中で、如何に「言葉」や「もの」「表現の仕方」を子どもたちにきちんと伝えていないかということの現れだと思う。それは、おとな自身が如何に「言葉」や「言葉づかい」を日々大切にていねいに生きているかということへの問いでもあり、「表現」することで得られる共感や感動を如何に大切に求めて生きているかということへの問いかけでもある。それはとても根気のいることだが、「ちかごろの子ども」の言葉の貧しさを嘆く前に、「ちかごろのおとな」である自分が、どれだけ周囲の子どもたちに、愛情を持って、「言葉」を豊かにする努力をしているか、そして「表現」すること、させることにこだわりを持ち続けているか、を、自問自答してみよう。

私は一人のピアノ指導者として、毎日、「子どもたちと出会う」仕事をしているが、昔から、自分自身で大切にしていることがらがいくつかある。

第一は、語尾まできちんと話すこと――文や文章の途中で切れてしまったり、相手の想像や推察を必要とするような話し方は思いやりがなく不親切であり、また、間違いのもとでもある。（相手がおとなでも）

第二は、代名詞をできるだけ避けて話すこと――「あれ」「それ」「そこ」「その人」など、なるべく使わないよう、具体的な名詞や具体的な言葉で話すよう心がける。（中年女性の会話はやたら代名詞が多く、馴れあいで、理解しあっていると思い込んでいる人たちが多いようだが、特に、子どもたちと話す機会の多い人間は、具体的な言葉で話す習慣を持っていたほうが良いと思う。言語化することで自分自身の集中力も保てる）

第三は、表現上はよく似た言葉でも、できる限り一番近いニュアンスを持った言葉を使うこと——たとえば、「もう夕方だね」よりは「日が暮れてきたね」と言ったり、高学年になれば「黄昏てきたね」と雰囲気に合わせて微妙なニュアンスの違いも含めて使い分ける——など。

これらは日常の習慣であり、私自身のこだわりであるが、日頃接している子どもたちに根気よく「言葉の大切さ」と「イマジネーションの豊かさ」を伝えることにも繋がって行く行為であると、私は信じている。

思えば、ピアノ曲のタイトルには詩的な言葉が多い。たとえば、よく出てくるタイトルの中に「せせらぎ」という言葉があるが、ほとんどの子どもたちは「せせらぎ」という言葉を知らない。アルペジオのくり返しやオスティナートでできている曲が多いのだが、「せせらぎ」と「小川」は違う。まして、とうとうと流れる「大河」ではもっと違う。少なくともこれら三つの単語がそれぞれに含み持っているイメージの違いによって、音の出し方は自ずと違ってくるはずである。（違わなければならない。）浅瀬をぬって流れるせせらぎと、少しは深まっても狭い幅で流れて行く小川と、広い視野の中でとうとうと流れている大河では、実際の水の音も違うのだから、それをピアノで表すとしたら当然、音量・音色・

音質も異なるはずである。そして、それらを、指のタッチや弾き方、ペダリングも含めて、「音」に置きかえて表現するのが「音楽」なのである。楽譜に書かれている音符や休符、記号や標語など、その通りに正しく弾いたからといって「音楽」になるものではない。

そういう意味で、心の中に「イマジネーション」があることはとても大切なことであり、イマジネーションを音にして他者に伝えることができてこそ「演奏」、「音楽すること」なのだと思う。

言葉をたくさん知っていること、その言葉が持つニュアンスやイマジネーションが豊かであること――子どもたちには、様ざまな体験をさせて『ものを知っている人間』に育てたい。

（一九九六年四月号より）

「理想」を忘れたおとなたち

いつの頃からだろう、おとなが「理想」を語ることを忘れ始めたのは。

最近とても気になっていることの一つなのだが、同じことを言うのに、おとなたちは、なぜ「禁止」の語句や「命令」の語句しか使えないのだろう。

たとえば、よく見かける光景だが、公園などの花壇に植えてある花を、ある子どもがポキッと手折ってしまったとする。見つけた親が飛んで行ってその子に説教をしている。

「だめでしょ！お花を折っちゃって。ホラ見てごらん、よそのおばちゃんがこっち見てるよ。おばちゃんに怒られるよ。ね、お花とったら駄目でしょ。わかった？さあ、こっちへいらっしゃい！」

こんな注意で子どもたちは納得できるのだろうか？これでは、誰も見ていないときだったらお花を折ってもいいと教えているようなものではないか。誰かが見ているときはお花を折ってはいけないという条件つきの『禁止』と「さあ、こっちへいらっしゃい」という、やわらかい言葉の『命令』がそこに存在しているだけで、そこには、『親の思い』も『社会のあるべき姿』も何も語られていないと思う。

「ここに咲いているお花はどれも、誰かが植えて下さったお花で、ここを通った人みんなを楽しませるためにお花はいっしょうけんめい咲いているのよ。あなただけでなく、みんなが楽しめるほうがいいでしょう？このお花を見た人が楽しくなったり、心がやさしくなったり、元気が出たり、お花は、みんなのためにここで咲いているほうがいいと思わない？そんなみんなのお花をポキッと折っちゃって、あなたが今したことは良いこと？悪いこと？自分で考えてごらん！」

こんなふうに言うのに、ほんの二〜三十秒しかかからない。何を知らせたいのか、何を教えたいのか、何を考えさせたいのか、親の思いや、その状況でのあるべき姿――「理想」というものを、おとなたちは、なぜもっと語らないのだろう？

元来、子育てや教育というものは、親や教師たちが、「理想」を語り続けるだけで充分ではないかと私は思っている。

『がんばる』ということは競争することではなく、向上心を持って努力し続けることであり、そのような心持ちで人にも自分にも誠実にやって行けば、どんなに充実感が湧き、どんな感動が生まれ、どんなすばらしい「出会い」が待ち受けているのか、おとなが自分の生き方で得たそれらを語り続けるだけで充分ではないのか。子どもや若い人たちは、その「理想」を具体化し、実現して行くことでしっかり生きて行けるはずである。それなのに、今、おとなたちがしていることと言えば、向上心ではなく競争心を植えつけ、「頑張れ、頑張れ」と叱咤激励し、『頑張らなかったら世の中でどんなひどい目にあうか』ということや、『頑張らなかったら社会そのものからドロップ・アウトしてしまって生きては行けないのだ』というようなことばかり口にしている。

塾通いや有名校選びなど、特急の乗り場を教え、特急券の買い方を教え、人より早く人より多くの知識を身につけさせることが人生の幸福と思い込み、競争させることで全速力で走らせてきた子どもたちや若者が、今どのような状況にあるのか誰も気づいてはいないと言うのだろうか――。

「理想を語る」というと、何だかとても大げさで大変なことのように思われるかも知れないが、それは何でもないことである。

具体的に言うと、なるべく「禁止」や「命令」の語句は使わないということにすぎない。たとえば、レッスン室で、新しく入ってきた幼い子どもに『椅子の座り方』を教えなければならないとき、椅子の調節の仕方を教え、足台の高さを決め、「かかとは足台にしっかりつけて座ります」と言い、私は、その子の背筋に手をあてて、「背中はいつもまっすぐにね」とだけ言うようにしている。そして「背中をいつもまっすぐにしていると疲れないから楽しい曲がたくさん弾けるよ」と言い添える。

同じようなことを教えるにしても、先生によっては、「背中をまるくして座ってはいけません」とか「姿勢の悪いのは駄目よ」とか「足をぶらぶらさせてはいけません」とか、いろんな表現方法があると思うが、少なくともこれらの言葉、これらの言い方は、否定的な表現ばかりで、いわば「禁止」の言葉ばかりである。ベテランと呼ばれている先生でも、気づかずにこのような否定的表現をする人が結構多い。

「背中はまっすぐ」――これは、ある意味で一つの理想である。一度そのように習ったら、子どもたちは、先生に言われるまでもなく、いつも自分が姿勢正しく座っているのかどうか、自分で自分を問わねばならない。「自分は今、背中をまっすぐにして座っているかどうか」折りあるごとに自分自身で意識することで、今の自分が理想どおりであるか否かを確認するのである。グニャグニャしていても、デレーッとしていても、それがいけないのではなく、「理想どおりではない」ことがいけないのである。あれは駄目、これは駄目、それも駄目、というふうに、駄目なことを指摘して禁止するのはおとなにとって手っとりばやく簡単なことだが、どんなに時間がかかっても、その子自身が、自分で、「自分の理想どおり」の状態であるかどうかを考えたり確かめたり、感じたりすることを身につけない限り、習ったことの意味がない。

これは人間にとっての「生き方」と同じだと思う。

いつもおとなたちが禁止と命令だけで指示して接していると、子どもたちは自分自身を問うことも、考えることも、感じることさえなくなってしまう。自分がそれでいいのかどうか、問い、考え、感じることのできる人間は自分で生きて行けるが、自分を照らし合わせる「理想」という鑑を持たされなかった人間はいつも、他者と同じであれば安心、少しでも違えば相手を攻撃、また、自分以外の誰かが決めてくれるのをボーッと待つだけの指示待ち人間になってしまう。

ピアノの椅子に腰かける、ピアノの椅子に座っている——こんな当り前の動作や行為の中にも大切な人生の「時」がひそんでいる。どんなときにも、また、相手が幼ければ幼いほど、私は「理想」を語り続けたいと思う。禁止や命令やおどかしではなく、いつも、夢や理想を語り続けるおとなでありたいと思う。

夢はみるものではなくかなえるものであり、理想は論じるものではなく今の自分の生き方を問うためにあると思いたい。

二十代の頃こんなことを言うと、当時四十代だったある人に、「いつまでそんな青臭いことを言ってるのか」と非難された。今、私は、そのときのその人の年令など遥かに超えてしまったが、やっぱり変わらない。

「背中はいつもまっすぐにね」と教えた子どもたち——時おり姿勢が悪くなったとき「背中は？」と訊くと、胸を張り、「ピーンと」「シャンと」「シャキッと」……その子の言葉で返ってくることが嬉しい。そして何も言わずにその子の背中に手を添えるだけで胸を張り、冬など「先生の手、あったかい」と微笑んでくれるだけで、私はとても幸福な気持ちになる。

（一九九七年七月号より）

「15字×54行」の重み

私の右手第3指、いわゆる中指の、第一関節の内側は、左手の同じ場所よりも固くて少し盛り上がっている。俗に言うペンだこと呼ばれるもので、このワープロ時代にあっては、前世紀の遺物として死んだときに指だけホルマリン漬けになるかも知れないと友人が笑う。

手紙などのプライベートな文章や公文書は万年筆、メモはボールペン、仕事として書く「原稿」は2Bの鉛筆、というふうに、私の文字はすべて手書き。多いときはひと晩に、四百字詰の原稿用紙にして三〜四十枚書くときもあり、いろんな原稿の締め切りが重なったときなど、二〜三日で1ダースの新しい鉛筆がすべて持てないほどに短かくなってしまう。

「あなたのような仕事をしている人で今どきそんな人いないわよ」「悪いこと言わないからワープロにしなさい」「あなたのような人こそワープロを使うべきだ」「ワープロは便利よ」等々、親しい人たちは口を揃えてそう言うが、私にはまったく不可能なことと思っている。そう言うと、「そんなことないわよ、誰でも初めはそう思うものだけど、慣れたら簡単よ」「慣れたら便利よォ、消しゴムで何行も書きかえたり、文のさしかえをするときなんか、ワープロってどんなに便利なものかあなた、知らないでしょ！」――小さな親切、大きなお世話で、みんな一生懸命ワープロの使用をすすめてくれるのだが、原稿用紙のマス目を見ているから次の文や文章が思い浮かんでくる私にとって、ワープロという機械を前にすれば、きっと、発想が変わってしまうと思う。いやそれだけではなく、多分、作文することと自体にすら集中できなくなってしまうと思う。「馴れたら」とか「慣れたら」とか言われても、なれるまでの間（おそらく死ぬまで）仕事ができなくなってしまうということである。

私がそこまで言いきるのにはそれなりの理由がある。実は私は、何か文章を書くときに、今から書こうとする原稿用紙のマス目に合わせてものごとを発想したり考えたりしていることを、自分で知っているからである。そしておそらくそれは、今まで何千枚もの文章を、

「原稿用紙」というものに書き連ねてきた自分の人生の習慣なのだと思う。

一般的には多分、「六百字」と「二百字×3枚」と「一〇字×六十行」とは同じように思われると思うが（字数にすれば同じだが）、私にとっては、それぞれの表示の仕方（依頼者からの提示）によって、書けることが変わってくるし、表現方法や文章のタッチ、筆致、リズムまで変わってくる。つまり、改行や段落のとり方で、一行の文字数が多いほど、実際には全体の文字数が少なくなり、それによっても、文の長さや文章の流れも変わり、時によっては単語の羅列や連体止め（名詞で切る）で書く必然性も生まれ、同じ内容を書こうとしても文章のスタイルやリズムまですっかり変わってしまうということなのである。

文章を書くということは、自分が感じていること、思っていること、考えていることの確認である。自己認識・自己確認のための作業とも言える。言葉に置きかえてみて初めて、「そうそう、こう言いたかったのだ」とか、「少し違うなァ、もっとうまく端的に表せる言葉はないかなァ」とか、「こんなことを言うために書いたのではない、この字数ではこんなことを書いている場合ではないゾ」とか、要するに、そのとき、その立場で、その目的に従って、伝えたいことの価値基準を明らかにし、その優先順位を決めて行く作業が「文章を書く」という行為なのだと思う。言いかえれば、自分の思っていることや考えていることを、自分の価値観やそのときの目的に従って、「絶対に言いたいこと・言わなくてもいいこと」「譲れること・譲れないこと」等に分け、その優先順位を決めて行く行為が「文章を書く」ということなのだと思う。

だから——私にとっては——今までいろいろな方面から様ざまなジャンルで文章を書かせていただくノルマを与えられてきたことは、無駄なものを捨て『自分を裸にして行く』つまり、自分の価値観や生き方、いわば自分自身を明らかにして行くチャンスの連続だったわけである。

そのことをはっきり意識しだしたのは、もう十年以上も前のことだが、当時の「日教組教育新聞」からの依頼でコラムを引き受けたときからであった。「15字×54行」の原稿用紙を前に、タイムリーな内容を、毎回ぴったりの字数に納めなければならない。教育と音楽の間、教育と政治の間、教育と科学の間、教育と生活の間、等々、教師や保護者たちをも含めて、子どもたちとそれをとりまく状況の中に、一社会人としての視点で「日常」を捉え、15字×54行の原稿用紙のマス目に文字を埋めて行くという「仕事」を与えられたときからであった。

本当は二年間という条件で引き受けたのだが、当時の日教組内部の様ざまな事情により、実際には四年にもわたって毎回ぴったり54行、「15字」用の原稿用紙に向かって書き続けたことになる。

このことは、私にとって、本当に有難い経験であった。それまでに自分の著書も出版していたし、音楽雑誌への連載やいろんなジャンルからの依頼で結構たくさんの文章を書いていて「長い文章」は書き慣れていたが、「15字×54行」に自分の思いを託し、「15字×54行」の中に読者が読みやすい起承転結を持たせ、「15字×54行」で自分の視点をさらけだすという行為は、本当に、「自分自身」や「他者への思い」をさらけ出すことでもあり、それらは必然的に、自分自身の「生き方」を問われることに繋がって行ったのだと思う。

その後も「二百字×3枚」だの「14字×50行」だの、様ざまなジャンルから様ざまなエッセイの依頼を受けて何年もの間書き続けてきたが、私にとっての「文章を書く」という行為の意義とその意味は、やはり、「15字×54行」の原稿用紙によって明らかにされ、そこが原点になったと思っている。

最近そのことを再認識する機会があった。日本で唯一の点字新聞、「点字毎日」からの依頼で、全盲のピアニスト、ルイジ・カルティアの来日に寄せて、その紹介記事を書く仕事をいただいたときであった。日刊ではなくウィークリーではあるが、点字だけで表されたまっ白な新聞の現物を、私はその時初めて目にした。あたりまえのことでありながら活字のない新聞は私に、大きなインパクトを与えた。「約九百字」という依頼だったので、いつものように「ぴったり九百字」で書きあげ出稿したのだが、校正のためのファックスをいただき、私のために（晴眼者用に）ひらいた（平仮名にした）記事を見て心を打たれた。デスクからの依頼のときの「約九百字」という提示の仕方の意味がそのとき初めて解かり、その人のやさしさが静かに私の心に堆積した。

漢字も片仮名もすべて平仮名に置き換えて点字にしたときの字数は、約という一文字でしか表せない――。偶然にも私の書いた「ぴったり九百字」は、点訳しても見開き（二ページ）の紙面にぴったりだったそうだが、また一つ私は大きな体験をさせていただいたと、心から感謝している。

文章は一人歩きする。「文は人なり」ともいう。書いたものは残り、人を傷つけも励ましもする。せめて私は、あとから後悔しないよう、自分に正直に、過不足のない表現を選び続けたいと思っている。

（一九九七年十一月号より）

教えること と 育てること

私が幼かった頃、母は口癖のように言っていた。

「おそとから帰ったら、石けんで手を洗って、ちゃんとうがいをしなさい」

「のどがかわいたからってそんなに麦茶ばっかり飲むんだったら、牛乳にしなさい。滋養があるんだから！」

そして、夏になると、言うことは決まっていた。

「おそとへ行くときは、ちゃんとおぼうしかぶって行かないと、日射病になるよ！」

――五十年近く、今も一緒に住んでいる母も、さすがにそのとおりには言わなくなったが、私がおとなになってからでさえ、しばらくは、それに近いことを言い続けていた。

「おりこう」な私は、ずっとそのことを守ってきたし、もちろん、毎回言われるまでもなく、それらのことはいつのまにか私の生活習慣となってしまっているが、このことに限らず、人間にとって、幼い頃からの暮し方は、本当に、人生に大きな影響を与えると思う。

ロバート・フルガムの「人生に必要な知恵はすべて幼稚園の砂場で学んだ」を読んだとき、その本の中に書かれていたことは、本当にそのとおりだと思い、心から共感したことを今もはっきり記憶しているが、私だけでなく、多くの人たちが共感できる「人間の生き方の基本」がそこにあると、今も私は思っている。

『人間、どう生きるのか、どのようにふるまい、どんな気持ちで日々を送ればいいか、本当に知っていなくてはならないことを、私は全部残らず幼稚園で教わった。人生の知恵は大学院という山のてっぺんにあるのではなく、日曜学校の砂場に埋まっていたのである。私はそこで何を学んだろうか。何でもみんなで分け合うこと。ずるをしないこと。人をぶたないこと。使ったものは必ず元のところに戻すこと。散らかしたら自分で後かたづけをすること。人のものに手を出さないこと。誰かを傷つけたら、ごめんなさい、と言うこと。食事の前には手を洗うこと。トイレに行ったら、ちゃんと水を流すこと。焼きたてのクッキーと冷たいミルクは体にいい。釣り合いの取れた生活をすること――毎日、少し勉強し、少し考え、少し絵を描き、歌い、踊り、遊び、そして、少し働くこと。毎日かならず昼寝をすること。おもてに出るときは車に気をつけ、手をつないで、はなればなれにならないようにすること。不思議だな、と思う気持ちを大切にすること。』

思わぬ言葉で書かれているが、人生や人間の幸福について本質をついていると思う。

このことに象徴されていると思うが、それほど、幼児期というのは、人間にとって、大切な「ものごと」——生き方の基本を知って行く重要な時期なのだと思う。

喘息持ちで体が弱く、しかも一人っ子というだけで「わがまま」「自分勝手」「甘えん坊」「自立心に欠ける」「社会性がない」と思われがちな、そういう偏見に満ちていた半世紀（！）前の日本で、我が子が少しでもなめらかに生きて行けるよう、母は私に、何度も何度も教えていた。

「咳をするときはお口におててをあてて！」

「人の前をよこぎるときは、ごめんねと言ってから！」

「おくつをぬいだら、むこうむけにそろえて置いとくの！」

小学校にあがるまで、読み書きなど何ひとつ教わった記憶はないが、これらのことだけ、ものごころのついたときからずっと、母が私に、機会あるごとに教えていたことを、今もよく憶えている。

団塊の世代、競争社会のはしりに生まれたにもかかわらず、父も母も、私に対して「勉強しなさい」とか「いい学校に入らないとダメ」などとは一度も言ったことがなく、むしろ、私が自分の性格から好んで調べごとをしたり予習や復習をしていると、「勉強なんか学校だけで充分。家でまで勉強なんかしなさんな。目が悪くなるから早く寝なさい！」と言って勝手に私の部屋の電気を消してしまうような母であったし、何と、高校入試の直前でさえ、「寒いから夜に勉強なんかしなさんな」などと、理不尽なことを言ったりした。

「教育」という言葉は教え育てると書く。

つい最近まで私は、「近頃の親は子どもたちに対して、教えこむことばかりに必死になっていて、その子どもが生まれ持った個性やその子らしさを育てることを忘れてしまっている」と、いろいろな人たちの前で言い続けてきたが、最近の様ざまな現象を見ていると、近頃のおとなたちは、その「教える」ことすら何もしていない。本当には何もしていないのだ。目先の学問的知識を詰めこむことには必死になってはいるが、人間として大切な、本当に知っていなければならないことをきちんと教える、それが子どもたちに対する本当の愛情であるという意識を持っているおとなが少ない。

実際に私が今の地でピアノの教室を始めてから二十五年になるが、いつの頃からだろう、「ピアノの先生」である私が、生徒たちに、音楽以外のことでこんなにいろいろ教えなければならなくなってしまったのは。

雨の日、ぬれたままの靴下でレッスン室まで床に足型をつけて歩く子ども（少し前の親たちは雨の日のレッスンカバンには履きかえ用のソックスを入れていた）――。人が話している間を平気で割って入って通り過ぎる子ども――。自分が誰かを配慮したり気づかったりする思いやりのある子どもは、人にそうされたとき、ちゃんと「ありがとう」と言えるが、逆に、過保護なほどかまわれて育ってはいても、何も教えてもらっていない子どもは、別の、よく気のつく優しい子どもたちから、気づかってもらったり配慮してもらったりしていてもそのことにさえ気づかず、「ありがとう」のひとことも出ない。

最低限、「教え」なければならないことは、毎回その場できちんと教える――それは子育てや教育における「種蒔き」ではないだろうか。そして、教えられたことがなぜそうあるべきなのかを自らの心で感じ、考えられたとき、人間にとって最も大切なもの――支えあって生きていく「愛」や幸福に生きていく「知恵」のようなものが生まれてくるのだと思う。

学問的な断片の「知識」をどんなにたくさん詰めこんでも生きていく力にはならない。子どもにはそれを応用する力すらないのだから。だが、最低限のことだけをきちんと教えられ、そのことの意味を自分の心で感じた子どもは、そのことを応用するだけの余裕とその力を持っている。それが「知恵」と呼ばれるものではないだろうか。

「知識」と「知恵」とは違う。おとなが人間として大切なことをきちんと教えるという種蒔きさえ怠らなければ、子どもの心に「知恵」は育って行く。

レッスンも同じだと思う。私は、どんなに幼い子どもにも譜の読み方と必要な知識は解かりやすくきちんとしっかり教えているつもりである。だが、どの子にも自分の音楽を押しつけたことは一度もない。その子の解釈、その子のイメージ、その子の音、その子の表現を待ち続けている。

「教えなければならないこと」と「育てなければならないこと」は、しっかりわきまえていたいと思う。

（一九九八年一月号より）

若い人たちへ

ある資料を探していたら、思わぬところから思わぬものが出てきた。「大阪府立春日丘高等学校生徒文集・第九号」と書かれた黄色い表紙のA5版の冊子であった。すっかり忘れてしまっていたが、何気なくパラパラッとめくると、旧姓の自分の名前が出てきた。「名のみの春を生きて」という題で、名前の上に「三年」と学年が明記されていた。高三の夏休みに国語科の宿題で書いて出したものが掲載されたのだったことを思い出してなつかしくなり、仕事を中断して読んでしまった。膠原病で高一の途中から二年三ヵ月も入院していたので、高三といえどそれを書いたのは十九歳の夏、そしてその翌年、成人式が先で、そのあとやっと高校を卒業したことも、今となってはなつかしい。

『街角でショウウインドウを覗いたとき、公園でブランコが揺れているのを見たとき、電車の窓から広い畑を眺めたとき、ふと浮かぶこのさびしさは一体何だろう？そしてまたこの数年、天然の四季と人生の春秋をぬって私の心の底に流れ続けていたものは一体何であったのだろうか？私の記憶の世界からどうしてもぬぐい去ることのできない心の傷。十五歳という青春の第一歩から今日まで、焦燥、葛藤、煩悶、嫉妬、これらの泥沼から、もがいてももがいても抜け出せなかった長い闘病生活。とにかく人のいう「青春」とはほど遠いところを歩んできたけれど、そんな私を支えてきたものは、本当に何だったのだろうか。

文字どおりの「歌を忘れたカナリヤ」の哀しみが、今の私にはよくわかる。私にはずっと夢があった。まだまだ矛盾と貧困と悲しみに満ちた日本のあちこちに歌をばらまくこと。恵まれない子どもたちと一緒に歌を歌うこと。入院してからも私は、生活保護を受けながら訳知らずに小さな汚ない人形を大事そうに抱いて寝ている小児科病棟の子どもたちを、毎日窓ごしに見て、その決意を新たにした。そのためにも私は、どうしても高校を卒業して音楽大学へ行きたかった。他の人にはただ歌っていていい気分になるというだけの「歌」は、中学時代から声楽を学んでいた私にとって、あるいは少なくとも人並みの青春すら与えられなかった私にとって、たった一つのこれからの夢だったのである。ところがその夢さえも予期せぬ新薬の副作用で声帯麻痺という障害が起こり、すっかり奪われてしまった。歌が歌えない！歌が歌えない！復学直後の授業ではスケッチブックで筆談の日も——。新たな不幸に対する私の挫折感。大きな敗北だった。猛烈な自己嫌悪がどろどろした赤い炎で私を包んだ。何事もない人には何も起こらない。健康な毎日を暖かい親や教師の保護の下に学校で学ぶ、そんな幸福な人たちにさえ、様ざまな夢や希望が与えられながら、なぜ不幸な私に生き甲斐の一つも与えられなかったのだろうか。口惜しさと怒りが、また、満たされることのない「さびしさ」が、こらえようとすればするほど胸につきあげた。病を背おって青春を生きること自体が不幸である。そして復学してからは次元の異なる人たちと学校生活を共にしていくことさえ、ある意味では辛かった。まして生き甲斐としていたものを失った人間の救い難いこの悲しみを誰がわかるものか。すべてへの一途さが無に帰りつつある自分が私には恐かった。画家が盲目になるごとく、歌を忘れたカナリヤ以下の存在になってしまった私のそれからの生活は、屈辱以外の何ものでもなかったのだから。

だが、今ここで自分を見すててしまったら、哀れなこの私は何のためにここまで闘病してきたことになるのだろう。屈辱から逃れたいなどという安っぽい自尊心よりももっと大事なものは他にないのだろうか。この世にはいろんな人がいる。自分はこんなに不幸なのだからヤケになって当然であるとか、周囲の目が暖かくなかったから自分は堕落したのだ、などと、いわゆる「こんな私に誰がした」という責任の転嫁文句に甘えて生きている人が大勢いる。本当は大きな誤りだと思う。自分の運が悪ければ、あるいは世の中がゆがんでいれば、まじめに生きる努力をしなくていい、私はそんな曲論を人にも自分にも吐きかけたくはない。それではあまりにも自分に主体性がなさすぎる。運命とか社会とかいうものに対して受け身でありすぎる。私はどんな境遇にあっても、決してそれらに流されず、自分らしく生きたい。人間として生まれ、無条件に生というものを肯定せざるを得ない今、どんなときにも不幸や現実に流されたくはない。自分らしく生きて生きぬいて、まじめに生きることの、悔いなく生きることの喜びを、この手でしっかり握りたい。私の青春は不可抗力の「不運」の中にあった。辛かった。はがゆかった。今思い出しても涙が出るくせに、そんな私がそれでもまじめに生きて行きたいと思うのである。こんな私の姿は、ある意味では滑稽であり、ある意味では哀れ以外の何ものでもない。耐えるということ——その対象が何であるかということさえわからないまま、それでも耐えることだけでも今までの私にとっては、精一杯自分の人生を積極的に生きる手段であった。考えてみると愛すべき自己への肯定が、自己愛が、耐えるという形で現れていたのかも知れない。ただ耐えて、じっと耐えて、ひたすら耐えて、そして私に残されたものは――ささいなことに喜びを見出し、何でもないことに幸せを感じる敏感な心。通りすがりに口笛を吹いたら小犬が尾っぽをふってついてきたというだけでちょっとした満足感を味わう私。また、自分の湯のみの中で茶柱が立ったといっては大喜びする単純な私。いつか私は、病院の窓から下の道路を眺めたとき、いい服を着て、いい靴をはいて街を歩いてみたかった。電車にのりたかった。みんなと一緒に走ってみたかった。何よりも学校へ行きたかった。それだけで充分幸せだと思ったのであろう。何と哀れな青春。しかしながら私はそんな哀れな青春を生きてきた自分に愛着を感じる。今の学校生活には、ある意味で自己を偽った笑顔に塗りたくられた大きな孤独がある。でもそこにも、私の夢と安らぎと、言葉に表し得ない不思議な魅力を持った何ものかがぎっしりつまっている。ああまじめに生きよう。平凡でない人生を平凡に生きる、恵まれない人生を心豊かに生きることの喜びを、いつか不幸な誰かに教えてあげられる日が来るかも知れない。私は誰よりも自分を愛している。つまずいてもつまずいても、そのたびに、私は、以前よりもっともっと自分を愛し続けることだろう。名のみの春を生きて、私は自分を愛することを知った。』

三十年も前に書いた作文なのに、きのう書いたといってもおかしくないほど、私は、自分がちっとも変わっていないことに今、驚いている。

結局これを書いた半年後、私はやっぱり音楽の大学を受験した。本当に音楽が好きで、どうしても行きたかったから。専攻を変えてでも「音楽」から離れたくなくて、やっぱり入学してしまった。

今、若い人の中には、音楽の道を選ぼうとするとき「行けるかどうか」と、その場の能力だけで進路を決めようとしている子が多い。だがそれは、何とさびしい選択だろう。「行きたいのか行きたくないのか」で判断するべきではないのだろうか。そして、本当に音楽が好きで愛していたら、どんな努力をしてでも行きたいと言えるはずである。行けるかどうか「能力」の問題はどれだけ愛しているかでも変わってくる。

若い人たちに今、私が言えること――音楽は、人ひとりの人生を支えるに充分値するものので、それは自分の求め方にかかっているのだ、ということである。

そして、それは、音楽の道に限ったことではないような気がする。

（一九九九年一月号より）

「ふるさと」をめぐって

明治生まれの、夫の父が、今年、お正月あけに九三歳で亡くなった。そして二月、大正生れの義母が八五歳の生涯を閉じた。特に仲の良い夫婦ではなかったが、偶然にも二人は、ほぼ同時期に天国へ召されて行った。

昨年の夏から七〜八ヵ月間、「老健」施設と病院を行ったり戻ったりしながら、多くの方がたにお世話になったが、それまでの五年間は、同居していたので、私は、特に、寝たきりとなってから一緒に暮らし始めた義父から、多くのことを学んだ。私が一人っ子で、結婚前から実家でピアノを教えていたという事情もあって、私たち夫婦は結婚以来ずっと私自身の両親と同居してきたくらいだから、ふたりの兄をもつ夫の両親をひきとって一緒に暮らすことになるなどとは、私も、私の母も、そして何より夫自身が、おもいがけなかったことと思うが、私自身の父が亡くなったことを契機に、それまで交互に入退院をしながら二人暮らしを続けていた老夫婦を放っておけなくて、私たち夫婦の気持ちと母の親切から、「一緒に暮らそう」ということになり、家を建て替えて、私たち夫婦と高齢者三人の珍しい？形態の生活が始まった。結局は、そうして始まった生活も、九十代、八十代の、ほとんど寝たきりと半身不随の両親の介護のために、夫はしょっちゅう腰痛を訴え、七十代半ばとなった私の母も二人の世話に疲れ、母自身にヘルパーさんが必要なくらいになってしまったので、親しい医師の理解と勧めがあって、昨年の夏から「老健」施設にしばらく預っていただくことになったのだが、それまでの三〜四年の間に、「寝たきり」の義父は、「寝たきり」だからこそ私に、人間の尊厳について、多くのことを学ばせてくれた。

義父は新宮生まれ、和歌山出身の人だった。

自分の「ふるさと」に対して、特別な愛着を持っている人だった。この年代の人は皆そうなのかも知れないが、私自身の父などまったくそういうタイプではなかったので、私にはこの義父がとても「ふるさと」を愛している人のように思えた。自分自身では寝返りをうつこともできず、三年前、病院から退院して初めて私たちの家に来たとき、「床ずれ」のために、足や腰など何カ所も化膿していたので、夫は、数時間ごとに体の向きを変えたり、治療薬を塗ったりしていたが、そのたびに「痛い、痛い！」と叫んだり、「ううゥ」とうめき声をあげたりしているくらいでありながら、そしてまた、自分ではスプーンを握ったりそのスプーンを口に運ぶことすらできなかったときでさえ、退屈しのぎに、と、私が持っている「民謡百選」の中から「串本節」のＣＤをかけてあげると、何と、それが流れているあいだじゅう、いつも、足の指先を曲げたり伸ばしたりして拍子をとっているのを、私は何度も目にした。それは、ベッドの布団から足がはみ出ているときはもちろんのこと、タオルケットや毛布の上からでも目撃?!できた。どんなに「寝たきり老人」であっても、「串本節」が流れているとき、義父は常に「和歌山県人」であった。

私はそのことを凄いと思っていた。

自分の心の「よりどころ」となる「ふるさと」があるということ自体、幸せなことだと思うが、その「うた」や音楽を聴くと体が不自由であろうが寝たきりであろうが、その曲の拍子に合わせて無意識にも足のつまさきが動いてしまうほどの、「ふるさとのうた」を持っているということ、そのことが凄いと思った。それは「心のよりどころ」を越えて、「魂のよりどころ」でもあるように思えた。

どの人にもそんな「ふるさとのうた」があるのだろうか。少なくとも私自身は、そのような「ふるさとのうた」は持っていない。そして、少なからず、そんな自分だからこそ、西洋のクラシックではあっても、自分の魂を救ってくれる「音楽」に出会えて良かった、――と、今、思う。

家で介護していたとき、地域の診療所やその関連施設、そして訪問看護で、医師や職員の方がたに随分お世話になった。

車椅子を使って外出できるほど元気になったとき、デイ・ケアで楽しいひとときを過ごさせてもらっていた。不自由だった腕や手もリハビリで少し動かせるようになったとき、一人で食事をするだけでなく、何かを作ったり、字を書いたりさせてもらったこともあり、「文集」の一ページになっている義父の「ひとこと」を読んだとき、私は泣いてしまった。一人では歩くことも立つことも座ることすらできない義父が、やっと筆を持たせてもらい、やっと書かせてもらった一枚の紙――そこに書かれていた言葉を私は一生忘れない。

「瀞《どろ》八丁で泳ぎたい　私のふるさとですから。」

若き日の義父の心が、今、故郷和歌山の瀞八丁で泳いでいるのだと思った。車椅子のままワゴン車に乗せて、夫と、次兄父子の四人で義父を、生きているうちにふるさとへ連れて行ってあげられたことはせめてもの救いだったと思う。

訪問コンサートというかたちで「老健」施設などに行くと、必ず求められる曲がある。ピアノでその変奏曲を弾いていても、入所のお年寄りたちが必ず歌い出し、だまって聴いていてもらえないその歌は——「ふるさと」。

『兎追いしかの山　小鮒釣りしかの川　夢は今も巡りて　忘れがたきふるさと』『いかにいます父母　恙なしやともがき　雨に風につけても　思い出ずるふるさと』と、文字を見なくてもすべての歌詞を、そこにいるほとんどの人が正しく朗々と歌う——。中高年の人たちはもちろんのこと、若者や、実際には「ふるさと」を持たない人たちでさえ、ひょっとしたらこの歌の中で、美しい緑や青い空、やわらかい風や澄んだ空気などに出会う、一種のシミュレーション感覚かも知れない「ふるさと」の歌。

私は、日本人特有の「精神主義」というものがあまり好きではなく、特にこの歌の三番の歌詞にはいつもひっかかりを感じていた。

『こころざしをはたして　いつの日にか帰らん　山は青きふるさと　水は清きふるさと』という歌詞である。「故郷に錦を飾る」という嫌な言葉が頭に浮かび、同時にまた、いつも、室生犀星の「小景異情」の一節が心に浮かんでくる。

『ふるさとは遠くにありて思ふもの　そして悲しくうたふもの　よしや　うらぶれて異土の乞食《かたゐ》となるとても　帰るところにあるまじや　ひとり都のゆふぐれに　ふるさとおもひ涙ぐむ……』

ひねくれていると思われるかも知れないが「ふるさと」の歌の三番の歌詞にいつもひっかかりを感じていた私は、最近読んだ「あたらしき『森』のうた」という雨田光示氏の著書の中で、木津川計氏の京都音楽家クラブでの講演内容について書いておられたページに、心から共感した。「ふるさと」を唱和したあとで、三番の歌詞の冒頭にふれて、木津川氏が「皆さん、真面目に勉強し一生懸命生きてなお志をはたせなかった人は、どこへ帰ればよいのですか？こんな歌詞にまで立身出世主義の方向づけがされている」と話された内容についてであった。

私は常づね、人間にとって本当に大切なものは二つしかないと思っている。いのちと尊厳、この二つしか——。

志をはたして錦を飾るための故郷ではなく、足が萎えてもなお、「瀞八丁で泳ぎたい私のふるさとですから。」と書き残してくれた夫の父の、魂の自由さ、魂の純粋さを、私は今、心から誇りに思っている。

（二〇〇〇年四月号より）

カティへ　愛をこめて

ハンガリーの人たちは、自分たちのことをマジャール人と呼ぶ。内蒙古の騎馬民族がその土地に定着し、キリスト教を取り入れて建国したと言われているが、そういえば黒髪や黒い瞳の人も多く、また、ヨーロッパ圏内にありながら、名前を、姓↓名の順序で呼ぶ国。赤ん坊のとき、お尻に青い蒙古斑を持つ日本人ともそのルーツは同じであるかも知れない。

今回、縁あってブダペストへ行った。長年確かめたかった思いに、明確な回答を得たような旅になった。

三十年近く前、ハンガリーの少年少女合唱団が来日した折、その演奏を初めて聴いた私は心から感動し、「子ども」そのものに大きな「希望」を持った。また、ハンガリーという国が、子どもというものに対して、何を与え、何を奪わないできたかということまで如実に現われているステージだと思った。本当に楽しそうで、キラキラと輝く目、子どもらしい屈託のない笑顔、また、その歌声とひびきは、何とも言えない自然な美しさに溢れていた――。

日本のよくある「児童合唱団」のように「どのように歌えば大人が喜ぶか」というような声の出し方や不自然な「楽しそう」ではなく、また、もちろんただ「元気よく」「大きな声で」どなったり叫んだりしているのでもなく、心から解放され、子どもたち自身の「魂」が、互いに呼びあい美しさを求めあっている、そんな合唱だった。当時から私は、コダーイの理念やコダーイ・メソードに関する本も何冊か読んではいたが、実際にハンガリーの子どもたちの合唱を聴いてみて初めて、それらの書物に書かれていたことの結果や、本当の意味が心から感じられてとても納得したことを記憶している。以来、カンテムス少年少女合唱団など、ハンガリーの子どもたちの合唱団が来日すれば、機会あるごとにその演奏を聴き、そのたびに、こんな音楽的な子どもたちを育てるハンガリーとは、どんな国で、また、その音楽教育の基本理念を確立、実践しきったコダーイという人は、一体どのような人なのだろう、と、ずっと心のどこかで気にかけていた。コダーイ・ゾルタンは有名な作曲家だが、私にとっては「音楽教育家」としての彼が、リストやバルトーク以上に、ずっとハンガリーへのイマジネーションを駆り立てていた。どの時代、どの国にも、偉大な音楽家（作曲家・演奏家）はたくさんいるが、そして、音楽教育に関しても理論家はたくさんいるが、国家的規模で理念通り壮大な構想を実践しきったこれほどの「音楽教育家」というものも比類なき存在だと思うから。

「移動ド（movable doh）唱法」を用いてソルフェージュの基礎を徹底的に訓練することにより、初見視唱、聴音、読譜、作曲能力に至るまで、音楽における総合的な能力開発をめざす「コダーイ・メソード」も、それは、ハンガリーの民俗音楽（わらべうたや民謡）を基にして作られた教材であったからこそ、定着し、成功したのだと思う。彼が数十年もかけて収集・分類・編纂したハンガリー民謡は、合計十万曲にも上るという。ハンガリー国民のためにかけた彼にとっての膨大な年月――。偉大な作曲家でありながらそこにとどまらず、「音楽教育家」として生きたコダーイの人生そのものを支えた「思い」を知りたかった私は、機会を得た今回、ひどい喘息のなか、それでもやはり、せっかく（？）咳のせいでショパンコンクール会場への入場を遠慮したのだから、逆にその期間をうまく利用しようと思い、咳ばかりしながらも、予定どおりハンガリーへ行ってしまった。

ポーランド同様、ハンガリーもまた、常に周囲の強国から侵略統治されてきた国である。歴史的に、ハンガリーはいつも貧しい農民の国であった。そんな国に生まれ、自らは音楽の才能とそれを伸ばす環境を与えられて育ったコダーイだが、彼が「音楽教育家」として生きることになった思いの原点は、彼自身のこのひとことに尽きると思う。

「貧しい、ハンガリー農民にとって、今、一番必要なものは、お金ではない。音楽である。」

――「文盲」をなくすことが人間の基本的人権を向上させることに繋がると考え教育や運動を起こした人はどの国にもたくさんいると思う。だが、「譜盲」（こんな言葉、あるかな？）をなくすことで、すべての国民が音楽するよろこびを分かち合い、自らの心を解放し、人びとと繋がり、共に生きて行く力をつける、そんな幸福を想定した人が他にあっただろうか。

この発想の原点は、人への愛と信頼ではないかと思う。神から与えられた音楽の才能をハンガリーのすべての人のために使おうとしたコダーイの生き方――心から音楽を愛しその力を信じ、心から人を愛し信じている人にしかそれはできない。

一八八二年に生まれ一九六七年に亡くなったコダーイ・ゾルタンはその長い生涯のすべてをハンガリー国民の音楽文化向上にかけた。戦争中もナチスの迫害の中、ユダヤ人の妻とブダペストの修道院の地下室で過ごし、市街戦の中でさえ人びとを励ます音楽を書き続けた。

スターリンが、自国ソヴィエトでも「宗教は阿片」と称して伝統のキリスト教（ロシア正教）を否定・迫害したことは一般によく知られているが、ナチス・ドイツから解放するために介入したハンガリーにおいてさえ、コダーイが莫大な時間と労力をかけて編纂・出版した一年生から八年生までの小学校の教科書を、彼は一年で破棄させた。コダーイは敬虔なカソリック信者だったこともあり、教科書には、国民が当然のように歌う「神さま」という言葉や民族的な歌が載っていたからだという。宗教やナショナリズムに繋がるものすべてを否定されたにもかかわらず、やはり何年もかけて、コダーイが蒔いた音楽の種は、国民に受け入れられ、今やハンガリーは世界一の音楽教育の国になった。政治に翻弄されて今また新たな貧しさに見舞われてはいるが、音楽が人びとの心を支えている。コダーイの理想どおりに。

日本のＮＨＫは凄い。ＢＳでハンガリーにも放映されていたそうで、私が出ていた「にんげんドキュメント」をテレビやビデオで見て下さっていた人ともブダペストで何人か出会った。コダーイ・ゾルタン記念博物館初代館長のフフナグル・カタリン女史もそのうちの一人だった。「私は日本語は解からない。でも、西洋音楽の伝統のない日本で、しかもとりわけクラシックから疎外されてきた高齢者の人たちが、あんなにも幸福そうな表情でその人らしく弾いていたピアノを聴き、あなたがその人たちに何を与えているのかよくわかりました。コダーイの音楽理念の下では、あなたと私は友だちよ。初対面だけど、私は今から丁寧語ではなく友だち言葉で話すわ。あなたも私のことカティと呼んでね」

　コダーイを心から尊敬しているフフナグル・カタリン女史は、そう言ってすばらしい笑顔で私を迎え、あちこちの小・中学校や課外授業にも案内して下さり、数日して別れるとき「あなたは日本人にしては珍しく、コダーイ・メソードやシステムについて何一つそのノウ・ハウを訊かなかった」と言われた。

「教育にマニュアルはないと思っていますから」――私はそう答えた。

　女史は、「やっぱり友だち!また来て。今度は泊まることも食べることも全部私が世話をしてあげるわ」そう言って心から心から見送って下さった。

（二〇〇一年一月号より）

「ピアノを教える人に」が教えてくれたこと

「子どもの眼の高さで歌おう」は、私にとっての記念すべき一冊めの著書だが、芸術現代社からお話をいただいて原稿を書いたのは三四歳のとき。出版されてからもう十八年も経ったことになるが、版を重ねて、いつのまにか十二刷となっている。こんなロング・セラーになるとは思ってもみなかった。初版が出たとき、それは、「町のピアノの先生」が書いた本ということで、音楽関係のみならず、一般の人たちの間でも随分と話題になり、音楽雑誌と共に各紙ほとんどの新聞に、それぞれ、本の内容紹介や書評が掲載された。それまでは、音楽教育というと学校教育もしくは演奏家を育てるための専門教育がイメージされていただけで、一般に、子どもたちの「習いごと」としてのピアノ・レッスンが真剣に論議されることもなければ子どものためのピアノ教材の研究もあまりなされていなかったから、私の、音楽教育に対する考え方や実践記録と共に、当時としては珍しかった子どものためのいろんなメソードの分析まで載っているというだけで、全国の「ピアノの先生」からたくさん、感想や質問のお手紙をいただいたり、各地の「ピアノ指導者協会」や楽器店、講師会から、講演・講座・公開レッスン等の講師として招かれるようになった。当時はまだ「バイエル」使用のレッスンが当然のことと思われていた時代でもあり、また、邦人現代作曲家の作品など、あまり知られていない時代でもあったので、生徒一人ひとりに異なるメソードを使い邦人の現代作品を数多くレッスンしていた私は、急にあちこちから講師の依頼を受けるようになり、全国を転々とするようになった。

それが、私と、各地の「ピアノの先生」との出会いの始まりだったと思う。

その後、ピアノ曲集やワーク・ブック、書籍等、いろんな出版社からいただいた仕事でいつのまにか著書も二十数冊となり、特に、「ショパン」や「ムジカノーヴァ」等、音楽雑誌に私のエッセイが連載されるようになってからのこの十年は、全国の「ピアノの先生」に、私という人間がより身近な存在と感じてもらっているようで、最近どこの講演・講座に出かけても、初対面の人にまで、「今日は喘息、大丈夫ですか？」などといたわってもらえるようになった。毎月の連載エッセイは私の近況報告にもなっていたらしい。

さて、そんな具合で、「子どもの眼の高さで歌おう」を出してからの私は、家でのレッスンの合い間に、あちこちで五百数十回の講演・講座を行い、そこで出会ってきた「ピアノの先生」は夥しい数にのぼる。そして、どんな地方へ出かけても、必ずそこには、とても熱心で、音楽や子どもたちを心から愛している人たちがたくさんいるのだ。

そんな中に、月に二回も、十二年もの間かかさず講師を勤めてきた「ピアノを教える人に」という連続講座がある。兵庫県川西市にある朝日カルチャーセンターだが、一九八九年の四月、JR川西池田駅と阪急川西能勢口駅とが隣接した駅からの陸橋続きの大きなビルの中に、朝日カルチャーセンターが開設されたとき、発足と同時に、ピアノ指導者のための講座が開講されることになり、私は講師の依頼を受けて、そこへ行くことになった。大阪や神戸ではなく、なぜそんな場所に?という素直な疑問で担当者に訊ねてみたら、その駅があるのは宝塚線なのだが、その当時のリサーチによると、「その沿線は、特にピアノの先生の人口密度が高いから」ということだった。そこで私は、第一回から単純計算すると、二八八種類もの異なる内容の講座をしてきたことになり、自分でも今、驚いている。そんな情熱と、まる十二年もの間、こうして長続きしていることの理由は、とても簡単で明白。そこに集まってくる受講生たち——当然「ピアノの先生」ばかりだが——その人たちが、本当に熱心で、いい人たちばかりだからである。

昨年の冬、私は心から励まされる尊い言葉に出会った。

そのころ私は、持病の喘息の具合が悪くて、講座の間の「たった二時間」が、事前の発作止め吸入薬でも持たなくて、ひどい喘鳴や咳発作の中で講義を続けていたり、重ねて指先がマヒする病気で、その神経を回復させるための手首の手術を控えていた頃だったが、何年もその講座で時間を共にしていて私と親しく話をしている人たちからは、毎回それぞれ、帰りがけにお見舞いの言葉をいただいたり、自宅に励ましのお手紙が届いたりしていた。

ある日、講座が終わって、ひどい咳をしながら帰りのエレベーターに向かっていると、エレベーターの前で私を待ち伏せしている人がいた。受講生の一人だが、その女性はあまり目立たない人で、私も話らしい話をしたことがなく、毎回、名簿の順に名前を呼ぶと「ハイ」と返ってくるときの返事や、帰りがけの「さよなら」以外にその人の声を聞くことはほとんどなかった。

その人が言った。

「先生、先生の入院のことで次回の講座の変更に関して、私たちの都合ばかり先生は訊ねられたけど、なんで私たちの都合ばかり訊ねるん？一番訊かなきゃならんのは先生の体じゃないですか！変更じゃなくて休みにすりゃあええじゃないですか！私は許せん。先生にもしものことがあったら、私しゃ生きて行けんのじゃ！私しゃ本当は死んどったかも知れんのです！いろいろあって、本当にもう死ぬしかないと思うとったときに、北村先生に出会うたんじゃ！それで先生を見てて、よーし、この先生について行こう、もう一回、人生をやり直してみよう、そう思うて頑張って来たんじゃ！私しゃ先生がおらんと生きて行けん！先生にもしものことがあったら私まで生きて行けん！お願いやで先生、もっと自分の体、大事にしてくれんね！」

その人は泣きながら、帰りがけのエレベーターの前で私を待ち伏せてまで、私にそう言われたのだった。いつものその人の言葉ではなかったと思う。その人が、どこか「地方」の出身の方であることが、その言葉使いで初めてわかった。日頃、返事や挨拶を交わす程度で、私はその人のことを何も知らなかった。だが、そうして必死に、私のために、ご自分の思いを伝えて下さったその方の純粋なまごころは、思わず頭を深く下げて泣いてしまうほどに、私の魂を揺さぶった。

「先生がおらんと私しゃ、生きて行けんのじゃ！」――カルチャーセンターでよく耳にする標準語でもなければ講師に対する敬語でもない。だがなんと、裸の心からほとばしり出た、魂のこもった言葉だったことか――。

その人の過去に何があったのか私は知らないし訊ねはしない。だが、こんな私でも、そこまで信じ、大切に思って下さることや、そして一緒に勉強し続けようとして下さるその人のためにも、これからも私は、体を大切に、心を込めて、講座を続けたいと思った。

「ピアノを教える人に」というタイトルでピアノ指導者のための講座を十二年、音楽教育に対する考え方や指導のノウ・ハウ、新しい曲集や珍しい曲集の紹介など、私が話してきたことはたかが知れていると思う。もちろんどんなときにも熱心に、誠実にやってきたつもりではいるが、その人ほど裸の心で魂のこもった言葉を語ったことがあっただろうか、と、私は改めて自分に問いかけてみたのだった。

「ピアノを教える人に」という講座が、私に教えてくれた大切な「自分への問いかけ」だったと思う。

（二〇〇一年四月号より）

人をささえる音楽

その人は、一度も人の前でピアノを弾いたことがなかった。何年も前から「シルバー・エイジの今からピアニスト」という公開レッスン形式のカルチャー講座に在籍し、ちゃんと参加しているというのに、本当に目立たない女性で、隣や前後の席の人たちと言葉を交わすこともなく、いつもうしろのほうの席で一人、静かに座っている、そんな人なのだ。私の記憶では、もう何年もの間、ただの一度も、手をあげて何か質問したり、ましてや人の前に出てきてピアノを弾くこともなく、公開とはいえ「レッスン」のための教室なのだから、ここで弾かなかったら来ることの意味がないのではないかと心配してみたり、遠慮深すぎる人なのかとも思ってこちらから指名してみても、声には出さず、ただいつも、ご自分の顔の前を手で払う動作、つまり「パス」を意味する意思表示。私にとって、その人は、本当に気になる存在の人だった。クラスには様ざまなキャラクターの人がいるので、神経質な人も、必要以上に固くなってしまう人も、自意識過剰な人も、緊張症の人も、すべての人がなごやかに過ごせるように、と、私自身、高齢者のビギナーに対しては特に、リラックスしてもらうための話術を心がけ、ユーモアも大切にして過ごしているつもりだが、そんな私が何かおもしろいことを言ったり、受講生の誰かが大ボケ（本人は真面目！）を言ったりして、教室中大爆笑になったときでさえ、その人は決して大笑いすることもなく、ただ微笑んでいるという感じだった。口もとは笑っているが目は笑っていない、そんな気がして、私は、ただただその人の表情や、存在そのものを、心の中で気にし続けていた。

だが、人間にとって、「自分のことを意識されている」と思うことほど窮屈なことはなく、人によってはそれが辛かったり、プレッシャーだったりもする。その人がどういう性格の人であろうと、どういう事情の人であろうと、どういう能力の人であろうと、どういう表現方法の人であろうと、グループで何かを進めて行くときは、その人をありのままの姿で認め、受け入れ、すべての人が居心地良く過ごせるように配慮して行かなければならない。一人でも多くの人に（できればすべての人に）そこへ来て良かったと思ってもらえるように、また少なくとも「来るんじゃなかった」とだけは思わせないように、毎回、毎時間、どの瞬間にも、指導者にとってのレッスンとは、相手の身になる（相手の立場に立つ）ことの連続であり、なおかつ、そのうえでその人が進歩するために具体的なアドヴァイスをしなければならない。私自身が「気になる」からと言って、その人に何か訊ねたり何か言ったりすることで、逆にその人が居づらくなるようなことがあったとしたら、それこそ今まで共に過ごした時間がすべて無意味になってしまう。もしも、本当につまらなかったらやめてしまわれるだろうから、その人が「来ている」という事実だけを大切にしよう、きっとその人にとってのメリットが何かあるからこそ続けて来ておられるのだと信じよう、そう思って私は何年かを過ごした。

あるとき、時間が終わって教室を出たら、出口のところにその女性が一人で立っていた。

「先生、お急ぎのところをすみません。ちょっといいですか？」

「ええ、かまいませんよ、何でしょう？」

出欠をとるときの「ハイ」という返事以外にその人のまともな声を聞いたのは初めてのような気がした。その人がいきなりこう言った。

「先生、私のこと、見捨てないで下さいね」

いきなりの言葉に驚いて、私には問い返すことしかできなかった。

「どういう意味ですか？」

「先生、私のこと、ふがいないと思ってらっしゃるでしょう？一度も自分から手をあげたこともなければ、せっかく先生が私の名前を呼んで如何ですかって訊いて下さっても、いつもお断りするばかりで…。きっと、何しに来てるの？とか、何という人だろう！と思われていると思うんですけど…私…このお教室に来させていただいているだけで幸せなんです。先生にいろいろなこと教えていただいて、それだけでうれしいんです。皆さんが弾かれるいろんな曲や、先生がお手本で弾いて下さるのを聴かせていただいてるだけでとっても楽しいんです。本当に楽しいんですよ。一生懸命教えて下さってるのに先生に悪いなあ、失礼やなあと思いながらも、多分、これからも皆さんの前に出て弾かせていただくことはないと思いますけど、でもここに来させて下さいね。そんな楽しみ方をしている人間がいるということも知っといて下さいね。私、月に一回でも、先生のお話聞いて、先生のお顔見るだけで…元気が…出るんです。」

その人はそこまで言って涙ぐまれた。

「大丈夫ですよ、人にはそれぞれいろんな楽しみ方があって当然ですから。そしてそれがまた公開レッスン形式のいいところなんですから。弾きたい人には弾いて頂きます。聴くだけがいい人にはそうして頂きましょう。お気になさらないで、楽しいと思える参加の仕方をして下さいね。来るだけで楽しいなんて言っていただいて、私のほうこそうれしいです。本当にそれで良かったら、ずーっと、ずーっと、続けていらして下さいね。」

思わずその人の手をとると、その人は両手で握り返し、だが、ずっと涙ぐんだままだった。何か事情がありそうな気がしたが、「先生に会うだけで元気が出る」と、せっかく言ってもらったのだから、それを保障し続けることが一番、あるいは唯一、その人の役に立てることなのだと思い、むりやり事情を訊ねたり詮索したりせず、私は私の役目を果たそうと思った。

そんなやりとりがあってからも月日は流れ、あいかわらずその人は、人の前で弾くことはないまま、一回めの発表会も、二回めの発表会も「パス」をした。

二回めの発表会の前後、NHKの「にんげんドキュメント」の番組製作のために半年にもわたって取材と撮影で東京からレッスンのたびに通って来られていた、NHKテレビの、熱心なディレクターが、ある日ふと、私に言った。

「先生、Tさん、最近、たった一人の娘さんを癌でなくされたんですってね。ずっと看病されてて、甲斐なく亡くなってしまわれて本当にお気の毒です。教室では一度も弾かれないし、発表会にも一度もお出にならないけど、取材だけさせていただきました。人の前では弾かないけれど家では弾いて自分の慰めになってるって言っておられました。月に一回でも教室に行ってるのは楽しいんだって、そうおっしゃってましたよ。」

　看病されていたときも、亡くなられたときも、そしてその後も、せめて「自分のために」ピアノとの接点を持ち続けておられて、本当に良かった――私は心からそう思った。

　それから四ヵ月たったある日、しかもあと10分ほどで終わってしまうというレッスンの終わりがけ、ほとんどの人が弾かれたあとだったので念のために私は声をかけた。「Tさん、いかかですか？」その人は意外にも、はにかみながら席を立ち、「あまり上手じゃないんですけど――」そう言い訳してピアノの前に座られた――

　その指先から流れ出たメロディーは「かごめかごめ」。

　失くされた一人娘さんの子ども時代を想像して、一瞬、私は涙が出そうになった。

　だが、その瞬間、実際にあふれた涙は、初めて、人の前でも弾いてみようとしたその人への、感動の涙だった。

　音楽が、人を支えるというのは本当だと思う。

（二〇〇一年七月号より）

ブラームスのテーブル

十数年来、仕事で年中あちこちを転々としているが、そんな私が、膠原病で入退院をくり返し、ふつうの旅だけでなく、修学旅行の思い出すら持てない青春時代を過ごしてきたなどとは、きっと誰からも想像してもらえないと思う。人生とは本当によくできたものだ。若いときにどこへも行けなかった分だけ、今、人の何倍も旅をしている。ひょっとしたら、人が一生の間に旅する距離というのは、神様か、大いなるものによって定められているのかも知れない。子ども時代も若いときも、どこへも行けなかったから、今になって私は、旅を伴う仕事を神から授けられたのかも知れない、と、何かの折に時々思う。

とは言え、講演、講座、公開レッスン、いずれの場合でも、「その日の朝」の仕事のために「前泊」するだけのことだから、飛行機や新幹線等を使って自宅と仕事先、点から点への単なる場面移動をするだけで「線」とはなり得ず、厳密には旅とは言い難いが、そんな「旅もどき」の生活スタイルの中にも、ちゃんと私は、自分なりの楽しみ方を見つけている。

最近、地方の美術館や、それに類する公立の施設はとても充実していて、常設の展示場で思わぬ大家の思わぬ作品に出会うこともあれば、全国巡回中の珍しい画家・書家・文人等の珍しい作品展に遭遇することもある。たとえば、今年、熊本の県立美術館で開催中の「いわさきちひろ展」に行ったとき、それまで大阪や東京で何度もちひろ展を見ているのに一度も出展されたことがなかった無名時代の初期の作品や、ちひろが影響を受けた（と彼女自身が明記している）他の画家の作品まで目にすることができて本当にうれしかった。また、金沢では、巡回中の「葛飾北斎展」が石川県立美術館に来ていて、北斎の、あの「富嶽三十六景」の本物の版画（変な表現！）と遭遇。肉筆画まで見ることができて、現代でも通用するその大胆でモダンな構図や色づかいから、ふと、ドビュッシーのピアノ音楽が頭の中で鳴り出すという楽しい体験をした。

そのような楽しみが旅先でのほんのひとときにあり、私は、前泊する日の美術館閉館の一時間前に着くように行くか、当日の仕事が終わって主催者の方たちと食事をしたあと一時間は余裕をみて帰路につけるよう、新幹線や飛行機のチケットを手配してもらうことにしている。

いつだったか、富山県ピアノ指導者協会から講演の依頼があって出向いたとき、前日いつものように、県立美術館へ行った。それまでに同じ協会からの依頼で二度ほど富山へ行ったことがあるが、県立美術館へ行ったのは初めてだった。入場券を買って中へ入ると、常設展は、二十世紀、近・現代の作品展示となっていた。ピカソや、ミロ、ルオーなどの絵が何点も所蔵されていて、地方のほうが文化にお金をかけていていいなあと思ったことを記憶している。入り口から順にピカソやミロの絵を眺め、常設展会場をぐるっとひとまわりすると、最後のほうは、絵画ではなく、彫刻やオブジェなど、立体作品ばかりの展示となっていた。

ある作品の前まで行って私は、そこから動けなくなってしまった。その作品のタイトル・プレートには「ヨハネス・ブラームスのテーブル」と書かれていた。作者は、アンソニー・カロというイギリス人で、一九二四年生まれと書いてあった。製作年代が一九九三年〜九四年となっていたから、その創作は作者が七十歳前後のときということになる。私は、ただ、そのことにもとても心を惹かれた。若い人の作品ではない——　奇をてらったり、単なる思いつきでゲージュツする年齢ではない。七十歳になって「ブラームスのテーブル」と名付けるような作品を創るアーティストとは一体どんな人なのだろう――。

　その作品は、大きな鉄板を、折り曲げたり貼り合わせたりして作ってあった。一見、青銅色だったが、スティール・ジンクと書かれてあったので、着色された鉄板を組合わせたものだと思う。テーブルというよりも机（デスク）の感じで、正面から見ると、大きさといい、形といい、質感といい、ふつうの「机」そのものだった。ただ上の面が全部平面なのではなく、盛り上がっているところや貼り合わせたところなどがあることで「ふつうのテーブル」とは違っていた。

　なぜ「ブラームスのテーブル」なのだろう――私は、その作品を、上から見たり、目の高さにしゃがんで見たり、床に倒れたような形になって、下から眺め上げたり、そのまわりを何度もくるくるとまわって見たり、同じ正面でも遠く離れたところから見てみたり、要は、フォーカスを変えて、何度も眺めた。右横の少し離れたところから見たとき初めて、その「机」はピアノに見えた。「なるほど」とは思ったが、同時に、「でも、なぜショパンじゃなく、シューマンじゃなく、ブラームスなのだろう？」と思った。ある高さの、ある角度から眺めたとき、それがピアノに見えたとして、そのピアノはなぜブラームスでなければならないのか――サガンの「ブラームスはお好き？」の小説を思い出してみたり、いろんなことを想像してみたが、これといった必然性も感じられなくて、そのうち閉館時刻になり、その場を立ち去らねばならなくなった。後髪をひかれる思いで、仕方なく出口（入口）に向かい、歩きながらも心の中では釈然とせず、気になって、気になって、とうとう出口(入口)のところでもう一度振り返ってみた。振り返り、そうして眺めたとき、「あっ！」と思わず声をあげてしまった。そこから見ると、何と、そのテーブルには、女性が横たわっているように見えたのだ。その作品の右横、少し離れたところから見たときにその「机」はピアノに見えたが、ただそれだけで、何度その周囲をまわって観ても、何度、目の高さを変えて視ても、わからなかったただの「机」が、左うしろの、うんと離れた出口（入口）で振り返ったとき初めて、「女体を横たえたテーブル」に見えたのだった。見えないところにクララが存在していたのだ――。

　シューマンの弟子であったブラームスは、シューマンが自殺を図り二年ほどして亡くなったあと、大勢の子どもを残されたシューマンの妻クララと生涯愛しあう関係になったが、結婚できる条件になってもクララを自分の妻とせず、生涯独身を通した。かたちのうえではシューマン夫人であったクララだが彼女は、生涯ブラームスの「泉」であったと思う。作曲家としての、一人の男性としての。彼はクララのためにピアノ曲を書き、クララに評価されることが何よりの幸福であった。「机」は作品を生み出し書き記す場所の象徴であり、ブラームスにとって、その原点はクララという秘められた「女性」との愛、そして二人を結んでいたものは「ピアノ」だったのだから「ブラームスのテーブル」はブラームスの人生そのものとして存在する。

私はイギリスのこの老作家にも、きっとその人生を支える心の美しい、少し歳の離れた愛人がそばにいる、と、ふと、思った。

それにしても、どんなにしても解からなかったことが、出口に至ってもなおこだわり続け、出口という距離、入口という角度を得たとき初めて解かるようになったということ、視点を変え、時間や距離をおいたとき、初めて真実が見えることの大切さを教えられ、その作品は、私の人生に大きな示唆を与えてくれたような気がする。

（二〇〇一年十月号より）

「町のピアノの先生」三十年

今の場所でピアノを教え始めて三十年経った。いろんな子どもたちと出会い、いろんなことを学ばせてもらったが、それは本当に、「音楽」のおかげだと思っている。

三十年前、地域の子どもたちにピアノを教え始めたとき、日本は高度経済成長の時代で、ピアノという楽器が、一般家庭にどんどん売れ始めた時代だった。子ども用のピアノ曲集も、邦人の現代作品が徐々に出はじめ、私は本当に、いい時代にこの仕事を始めたものだと思っている。

従来、探究心旺盛な私は、自分が昔習ったままの本を使って、そのまま知識と技術を切り売りするようなレッスンは、「自分がおもしろくないからやりたくない」と思ったし、一人ひとりの子どもたちの、能力や個性、性格、家庭環境、その他、様ざまなことを考え合わせると、誰一人として、同じ本や同じ組み合わせの教材で教えることはできないと感じたので、子どもたち一人ひとりのタイプに合わせて教材選びをした。日本の出版社にない内容の楽譜は、アメリカやドイツ、フランスのものを取り寄せたり、それでもその子に合うものがなければ、自分で五線ノートに書いて、一人ひとりの生徒に手書き楽譜を渡していたことを思い出す。

　そうすることで、その子の長所を伸ばし、短所を補い、少なくとも、当時皆が使っていた「バイエル」など、同じ本を使って「競争」させて頑張らせるという行為だけは避けて通ることができた。音楽に限らず芸術というものは、競い合うものではなく、その豊かさや個性が命だと思う。求められるものは、ベスト・ワンではなく、オンリー・ワンのはず。私はどの子にも、「人と違うことに平気であれ」と教えてきたつもりでいる。人と同じでなければ不安になる人たちが多い今の日本で、まわりに対して、社会に対して、自分の目でしっかりものを見る、自分の感性で感じ、考える、自分を大切にして生きる、それらができてこそ、本当の意味での協調性や共に生きて行く力が身につくと思っている。長年、音楽をしてきて私が学んだのは、そのことだったから。人はそれぞれ皆ちがうということを知るために「音楽」がある、他者との違いを認め、受け容れ、それを愛して行くことが、「出会う」ということ——ピアノを使って、音楽を「表現」することでそのことを伝え続けているつもりである。

この三十年、いろんなことをしてきたと思う。毎年、異なるテーマを設定して、一年かけて、親子で学習し、そのテーマの中で、和・洋、様ざまな音楽に出会ってきた。五年ごとに、オペラやミュージカルまでやってしまった。

そうして育った子どもたちの中には音楽の専門の道に進んだ生徒も大勢いて、ピアニストになった教え子たちも、今、私がやりたいこと、やろうとしていることなどに進んで力を貸してくれる、そんな時期がやってきた。いろんなチャリティ・コンサートに、私と一緒に出演してくれて、今やっと一緒に、音楽で、社会の誰かの役に立てる時期がやってきたことを、本当にうれしく有難く、幸福に思っている。

今年五月、三十回めの「リトルピアニストのつどい」(私の教室の発表会)があった。生徒は一人ひとり、その子らしい音で、その子らしい表現で、ピアノを弾いた。幼い子は幼いなりに、大学生は大学生なりに、そして、臨月近い「妊婦」もおなかの赤ちゃんと一緒に、皆、それぞれ「自分の音楽」を演奏したと思う。そのあと、十五年前に私が脚本を書いて、子どもたちのために千秋次郎氏に作曲を委嘱した、子どもミュージカル「星の王子さま」を十五年ぶりに再演した。一月からずっと、日曜日ごとに集まって、親子総勢七十名で練習を続けてきたのだが、大道具・小道具、すべて、父母たちの手づくり。本当に、みんなで力を合わせてやったという感じだった。親が子どもを虐待したり殺したり、子どもが親に保険金をかけて殺したり、毎日、信じられないようなニュースが続く中、少くとも親子で共通の体験を持ち、そんな子どもたちと父母たちが、何十人も、音楽を媒体として繋がり合っていること――私は、その事実だけで充分と思っている。

生徒の中にダウン症の女の子が一人いる。六〜七歳の頃、初めて私のところにピアノを習いにやってきた。彼女は今二十二歳。彼女の最高の笑顔に出会えることを、私は毎週とても楽しみにしている。この十数年の間に、私はずいぶん大切な、多くのことを彼女からもお母さんからも学ばせてもらった。

いつだったか、次のレッスンまでに新しい楽譜が間に合わなかったときなど、そのお母さんは、私の楽譜を、コピーするのではなく、何と、大きな紙に、定規を使ってボールペンで、何段も何段も五線を引くところから始めて、何十小節ものその曲を、全て鉛筆で写譜されたことがあった。コンビニで十円払えば、機械で、瞬時にして拡大コピーのできる時代に、このお母さんの行為が私に学ばせて下さったことは、本当に大きい。愛の深さ以外の何ものでもない。

その子が一つひとつの音符を拾い集めて鍵盤上で音楽にして行く道のりが、どんなにその子の大きな努力の上に成り立ったものであるかということを知っている者にしかできない行為だと思った。そんな親子と出会い、共に歩めるのは、「音楽」のおかげだと思う。私は「音楽」に心から感謝している。

今年の三十周年の記念ミュージカル「星の王子さま」に出演した感想文を彼女は次のように書いている。


『私は、ハンドベルの「ソ」の音でした。

はじめは、どこでならすのかわからなくて、智恵先生をみてあわててならしました。

家でお母さんが楽譜に色えんぴつでマルをつけてくれました。そしてうたってくれました。

私はハンドベルのかわりにマラカスを持ってふりました。

何べんも練習しました。うまくやれて、うれしかったです。

「友だちと出会い、美しいものと出会い、おれたちは、ぼくたちは、しあわせになれる」

の歌が心にのこっています。』

大切なことがちゃんと伝わっている――。

「町のピアノの先生」は楽しい。生徒の年齢も、能力も、個性も様ざま。いろんな子どもたちに出会える。音大のように入学試験があるわけでなく、芸能界のようにオーディションがあるわけでもなく、学校のように担任が変わるわけでもなく、相手がやめない限り人間関係は何年も続く。幼児から高齢者まで、初心者から音大受験生やピアニストまで、女の子も男の子も、健常児・者も、障がい児・者も。いつのまにか三十年経ってしまった私のピアノ教室――やっぱり、意味があったんだなと、あらためて思う。

「町のピアノ教室」は社会の縮図。今日まで三十年間共に歩んでくれたすべての人たちに、心からの「ありがとう」を届けたいと思う。

（二〇〇二年七月号より）

グレート・マスターズ

すばらしいコンサートを聴いた。紀尾井ホールだったので、それだけのために日帰りで新幹線の京都・東京間を往復したことになるが、そうしただけの価値が充分あったというよりも、これからの自分がどうありたいかということに対する明確な答えとその勇気や元気まで貰って帰ってきたような気がする。

コンサート名は「グレート・マスターズ」。

プログラムには〝日本の音楽界をささえつづけるアーティストたち〟というサブタイトルが書いてあり、その第一回、弦楽器・声楽編となっていた。半世紀以上にわたる日本のクラシック音楽発展の歴史が、そのまま、その人たちの活躍の歴史と言えるほどの、まさに偉大なアーティストばかりのコンサートだった。たまたまその出演者の中のお一人が、私の小さな作品を歌ってくださることになっていたこともあって是非にと出かけ、偶然知ったコンサートだったが、本当に行って良かった。

プログラムの初めのページに、そのコンサートの実行委員長・寺西春雄氏の文章が載っていた。「若く（史上最年少等）、目新しい演奏家ばかりがもてはやされる傾向の強い日本の楽壇にあって、半世紀にも及ぶ歳月を地道な演奏活動に徹してきたベテランの演奏家の、その奥深い表現の味わいを、改めて汲み取っていただきたいというのが、このコンサートの持つ願いなのです。今の若い人たちの素晴らしい演奏の根が、この方がたの豊かな表現の中に秘められていたことが、その演奏の中から如実に伝わってくるのではないでしょうか。」そして、「このようなコンサートですので、常に八方気を配りながら、今後も企画を重ねて参りたいと考えております。ご出演いただける方の数は、年齢的にも限られておりますが、あと、二回、三回と数を進めて行きたいと願っています。望旧のノスタルジアではなく、新しいものを生み出すエネルギーとして、このコンサートが生きてくることを期待しております。」とも書かれてあった。

すべてのアーティストは、個人が順番に歌ったり演奏したりするだけではなく、次への準備の時間を利用して必ず司会者（これもまた七十一歳のフリー・アナウンサー）から、ひとことずつのコメントを求められるようになっていたが、私の心の中に、その「ひとこと」が歌や演奏と同じほどに、時にはそれ以上に、ずっしりと沈澱し、堆積していった。

八十二歳のメゾ・ソプラノ、栗本尊子さんは、驚くほど変わらない声量と美しいひびきで、中田喜直二曲と山田耕筰を一曲歌い、そのあと次のように言われた。

「私ね、いつも新しい気持ちで歌に感動するの。歌いながら涙が出るときがあるの。この歳になるまで何百回歌ったか判からないほどの曲でも、歌うたびに新しい発見があってね、たとえば、〝あっ、この言葉ってこういう意味だったのかも知れない〟と、違う解釈が浮かんできたり、伴奏ピアノの思わぬところに〝ああ、この音、何て美しいんだろう〟と突然感じたり、何回歌っても、いつも新鮮な驚きや発見があって、感動してしまうのよ。」

その日も「サルビア」「霧と話した」など本当にポピュラーで、きっと何百回も歌って来られたに違いない曲を歌われたが、その歌いぶりは本当に、彼女のその言葉どおりのものであった。私が学生だった頃、フェスティバルホールなどでオペラの中の彼女の歌唱を何度も聴いているが、本当にその真摯な演奏は今も変わらず、若い人に聴いてほしいと思った。

チェリストの青木十良さんが、もう八十七歳になっておられることを、今回のプログラムで知り、少し驚いた。バッハの無伴奏組曲六番のサラバンドとクーラントを弾いたあとで、ひょうひょうと言われた言葉に、私は感動してしまった。

「僕ねえ、最近ひとつ判かったことがあるんですよ。八十五歳くらいまでね、勉強していると、うまくなるんですよ。それまでは、この、好きなチェロ、いつまで続けられるかなあと思ってたんですけど、人間ってね、ずっと勉強し続けていると八十五歳くらいまでだんだんうまくなるんですねえ、その歳になったことがないからそれまで判からなかった。それでね、八五を過ぎたら、知恵がついてくる――。」

私たちに対する大きな示唆だ。八十五歳まで練習や勉強を続けていればうまくなると……ひょうひょうと言える人――何と凄い人だろう。

たゆまぬ努力により八十五歳まではうまくなる、八十五を過ぎて技術的なことが気になり出したら、たとえば、どういうフレーズのとり方をしたらここがレガートに聞こえるか、とか、ここは音色の変化で処理しよう、とか、歌い方を変えよう、とか、加齢による技術の衰退をカバーできるような「知恵」が出てくるということなのだろうと思った。ひょうひょうとしていながら凛としていて、こちらの背筋が伸びた。

ケッサクだったのは八十歳の畑中良輔さんだった。自作の歌のあと、弘田龍太郎を三曲。

だが最後の「浜千鳥」のとき、一番と二番を混同し、歌詞を間違えて歌い、終わったとたん、ご自分からこう言われた。

「いやあ、ごめんなさい、歌詞を間違っちゃった！今度この歌を歌うときには正しくちゃんと歌いますから、この次、必ず歌いますから、皆さん、また聴きに来て下さい！」

——あした、この次、今度、このような言葉は、子どもたちや若い人の言葉だと私は思っていた。だが歌詞の失敗で、八十歳の彼の口をついて出てきた咄嗟の言葉が「今度」「この次」「また聴きに来て下さい！」であった。

「これが最後」と思いながらステージに立つことも美徳かもしれないが、私は、「また聴きに来て下さい」と言える心持ちのほうが気持ちがいいと思い、その心持ちに感動した。

ヴァイオリンの、岩淵龍太郎（74）、服部（植野）豊子（76）、松本善三（91）、ハーピストトヨセフ・モルナール（73）、ピアニスト寺西昭子（75）、小林道夫（69）、間宮芳生（73）、チェリスト松下修也（73）、メゾ・ソプラノ佐々木成子（83）と、各氏の演奏は、本当に見事なほどそれぞれの個性に輝き、その中で、音楽することの、人が生きることの意味までも含めて、尊い示唆を与える演奏であった。

プログラム最後のとき、ハイドンのトリオだったが、九十一歳の松本氏がヴァイオリン片手に「この曲は六十二年前に初めて弾きました」「ピアノの寺西さんとは五十一年ぶり」などと言われると、客席の聴衆はその年月の重みに、「ハハァ」とひれ伏すしかないほどの説得力で金縛りにあったような気がした。

一週間前、同じ曲を大阪で歌われた佐々木成子氏が、その日は全く違う歌い方をされ、その効果に驚いた。勉強し続けるということはこういうことなのだと思った。

また、折しも少し遅れて大阪いずみホールで八十三歳のピアニスト横井和子氏のリサイタルを聴き、その端正で新鮮な演奏に心が洗われる思いがした。

どの人も、本当にそれぞれ、その人の生き方や人生の重みが重なった音色だった。そして思いやりというステージ・マナーを教えられた気がする。コンサート終了時、五十八年間アーティストを支え続けてきたステージ・マネージャーがおそらく初めて舞台の上で紹介され拍手を浴びている光景に、私は目頭が熱くなった。

年をとることが恐くなくなってきた。

美声や超絶技巧のまま舞台に立ち続けることが音楽家にとっての尊厳なのではなく、与えられた条件の中で精一杯努力する生き方の中にこそ、音楽家としての尊厳があるのだと思った。

（二〇〇三年一月号より）

一枚の切符

「続けなければ続かない」公演友の会と称して続けてきた阪神大震災被災遺児のためのチャリティ・コンサートは、一月十七日、その三十回めを無事に終えた。震災直後から始めたので、最多来場者は、三十回、まる八年もの間ずっと、コンサートを聴きに通って下さっていることになる。そうして「聴衆」として支え続けて下さる皆さんや、次つぎと、ボランティア出演に応じて下さる心あるアーティストのおかげで、こうして続けて来れたのだと思い、心から感謝している。

私は常に、「チャリティ」だからこそ、内容も演奏も、ハイ・クオリティなコンサートでなければならないと考えている。もともとクラシック・ファンとは限らず、「主旨に賛同して、チャリティだから」という理由だけで切符を買い、買ったから行く、という人もあると思う。そういう人たちを退屈させたり、「やっぱりクラシックなんてつまらない」と思わせてしまうような演奏やつまらないプログラムであったとしたら、それは、たった一枚の切符でも、その人の厚意に甘えていることになる。そしてそんなコンサートは長続きするはずがないと思う。

私たちの、記念すべき三十回めのチャリティ・コンサートは、今回、初めてのオーケストラ演奏とピアノ・コンチェルトだったが、一人ひとりの演奏家の集まりで「1・17希望オーケストラ」が特別編成され、そしてそれはすばらしい演奏となった。また、「木洩れ日、そして祈り」という、その日のために作曲されたオーケストラ曲は、本当に、その会場にいた多くの人の心の襞に分け入り、魂が浄化されるような、音楽であり、演奏であった。演奏家と聴衆の心が一体となり熱いものがあふれてくる、こんな理想的なコンサートには、そう何度も出会えるものではないと思う。多くの方の協力により大盛会となり、指揮者と相談して急遽、舞台の上にまで五十脚もの椅子を並べて補助席を設けたが、それも本当に良い思い出となった。

ふだんは一聴衆だったある人が自ら申し出て下さり、一枚でも多くチケットが売れるようにとホーム・ページを立ち上げて下さったり、「自分は参加できないけれど行ったつもりで」と、チケット代一枚分を振り込んで下さった北海道から沖縄までの全国各地の知人・友人たち。また、リハーサルも含めてオーケストラの人たちを二日間も拘束していながら、少しでも多く義援金を作るために、軽食も出せずにいたところ、あちこちのコンビニを走りまわって、おにぎりやサンドイッチをかき集めてきて、花束代わりに楽屋にそっと届けてくれた身近な友人。あるいは、コンサートの翌日、「お疲れ様でした。これが私たちのボランティアです」と書いたメモを入れて、段ボール箱一杯、おいしいポンカンを送って下さった、鹿児島のみかん園の、まだ見ぬ人たち——あとかたづけで疲れている私たちスタッフのために、翌日届くようにさわやかな果物を送って下さったその御夫婦からのメモを読んで、いっぺんに疲れが吹きとんだ。

私たち主催者がとても有難く思ったのは、今回特に、各紙、新聞社の方たちがとても好意的に力を貸して下さったこと。ほとんどの記者たちが、「八年間、三十回もよく続けてきましたね、今回も頑張って下さい！」と励まして下さったり、記事掲載後も「チケット、少しは出ましたか？」などと、心配して訊ねて下さる記者の方たちもいて、今回、私が強く思ったのは、こんな荒んだ世の中だが、「新聞」にはまだまだ正義がある、そして他のメディアよりもそれを信じている人が多い、ということだった。

ある日、八〇円切手を貼った白い封書が我が家に届いた。「続けなければ続かない公演友の会御中」という宛名書きの下の方に、ムジカ工房（問い合わせ先）の電話番号が記入されていた。それは明らかに、新聞記事を読まれた方からのもの——。その封筒には、差し出し人の住所も名前も書いていなくて、封をあけると、何と、一万円札が十枚！　そしてその十万円と共に、たった一枚、一筆箋が入っていて、こう書いてあった。

「初春のお喜びを申し上げます。寄付金十万円、お送りさせて頂きます。体調がすぐれず、郵便局へ行けないので普通郵便で送ります。すみません。皆様のご健勝をお祈り申し上げます。」

たった五行の、匿名の手紙だった。若い人の字ではなかった。書き慣れていない人のような文字だった。郵便番号の枠が、昔の桁数の、古い封筒であった。今、病気か高齢で、病院またはそれなりの施設に入院（入所）中の方なのかも知れない。現金書留を送りに郵便局へ出向くことのできない人が、中味を知らせないまま、普通の手紙のようにして誰かに投函を依頼された——そのような印象を受けた。病気で郵便局にも行けない人が、両親をなくした子どもたちのために匿名で十万円も寄贈して下さった事実に、本当に世の中も捨てたものではないと思った。そしてそんなこともまた、まだまだ残っている「新聞」の正義が市井の人びとの正義を誘うのだと思った。

「先生、今度のチャリティ・コンサートの切符を一枚お願いしまぁす」――お正月あけのある日、私の教室のレッスンに通っている六十代のある女性に声をかけられた。

「先生、いつも切符、買わせていただくの、一枚だけでごめんなさい。でも私、一人で行くんじゃないんですヨ。いえね、もう随分前ですけど、先生ところのチャリティ・コンサートで偶然、隣りの席に座り合わせた女の人が、演奏中に涙を流しておられてね、休憩時間になってもずっと泣いておられたので、私、気になって、思いきって訊ねたんです。〝どうかなさったの？〟って。そしたらその方、あの震災でね、神戸に嫁いだ一人娘さんをなくされたんですって。かわいいお孫さんがお一人おられるらしいんですけど、その坊やは御主人のほうの実家に引きとられていって、御自分は一人ぼっちになってしまったような気がしてすごく淋しいって泣いてらっしゃるの。美しい音楽を聴いているうちに涙がぽろぽろこぼれて止まらなくなったっておっしゃったので、〝私、次のコンサートのときもこの席に座りに来るから、あなたも必ず、この席にいらっしゃいよ！〟って言ったの。自由席だから早く行けばそれができるもん。そしたら、その次のとき、本当にまた隣同士に座って、一緒に笑って――。そのまた次のときなんか、外で待ち合わせして、一緒に食事してから行くようになってね、私たち、チャリティ友だちになったの！先生、切符一枚でも、人生変わるね、だから今日も、切符一枚！」

私は感動で胸がいっぱいになった。「シルバー・エイジの今からピアニスト」の私の教室にピアノを習いに来てその帰りがけに、こんな凄いことをさらっと言って帰られたその女性の言葉は、一枚の切符の、はかり知れない重さを感じさせた。

そして今、私は、あらためて思っている。

一人娘さんをなくされたその女性が、両親をなくした子どもたちのためのチャリティ・コンサートに一枚の切符を買って足を運んで下さり、その演奏に癒やされ、そのうえ「チャリティ友だち」に励まされているとしたら、その人のためだけにでも、まだまだずーっと、この会を続けて行きたい――と。

（ＮＨＫラジオ深夜便「ないとエッセー」二〇〇三年三月十四日放送分をリライト）

さようならは言わない――佐藤允彦先生へ

佐藤先生、御大《おんたい》、佐藤父さん、等々、長年、私達は、佐藤先生のことをいろんなふうに呼び慕ってきた。大学ではいつも、誰よりも「先生」であったし、ショパン協会ではいつも親愛なる「オンタイ」であったし、個人的には、とても面倒見の良いオヤジのような人だったから、私にとっては、この春の佐藤先生の突然の死は、本当に「受け容れられない事実」であった。

私は「恩師」という言葉をこれまであまり使ったことがない。何か儀礼的な匂いがして、あまり好きではない言葉のうちの一つなのだ。だが、佐藤先生は、私にとって、紛れもなく「恩師」であり、今でも唯一、「恩師」と呼べる大切な先生――おそらくこれからもずっと。佐藤先生は、言わば、教育者として、学者として、一人の「人」として、私たちに、本当に多くのことを学ばせて下さった——。

今から三十四年前、私が相愛大学に入学して間もない頃、佐藤先生の授業で初めて与えられた課題は、ショパンのプレリュード（op.28-7）をオーケストレーションすることだった。今思えば、それは、「楽譜」を声部読みする訓練でもあり、また、それぞれの声部やフレーズの「音色」を想像する訓練でもあり、言わば先生は私たちに、本当の譜の読み方を教えて下さったのだと思う。その曲が弾けるというのは、どういうことなのか、本当にその曲の楽譜が読めているというのは一体どういうことなのか、そんな大切なことを私たちに、入学直後から教えて下さったのが佐藤先生だった。

その後、続いて「ショパンのプレリュードとは何か」という、今思えばとても大それた課題を与えられ、私は何ヶ月も、当時あるだけの版の楽譜を買い揃え、また、入手し得る限りのLPレコードを集めては、様ざまなピアニストの演奏を聴き比べ、日々、「24のプレリュード」と共に暮らした。（同じ曲を聴き比べるため、あたりをつけてLPレコードの溝に針を落とすのだけはとても上手になった。近年、CDはどんなに楽なことか。）

今、改めて自分の部屋を眺め回してみると、十九世紀の作曲家関連の様ざまな書籍や同時代の文学作品、美術全集、演劇の歴史本、数種の世界史年表、十九世紀から現代に至るまでのヨーロッパ地図、合わせて何十冊にも及ぶ何種類かの音楽事典や、ショパンを含め、いろんな作曲家の書簡集、、和声の歴史やショパン関係の数えきれない書籍等、レッスン室にも置ききれない自分だけのための本や資料がたくさん並んでいる。それは、たった一曲の作品でも、それを理解するためには、深くこだわり、たとえそれが回り道のようであっても、その作曲家の生き方、政治や文化の時代背景、地理的条件、交友関係、同時代の他のジャンルの芸術の特徴や流れ、等々、その音楽が生まれるに至った必然性のようなものを知らなければ、その作品を本当に理解しているとは言えないのだと、佐藤先生から叩き込まれたからだと思う。ひとつの小さなことにこだわれない、時間をかけられない人間は、大きなことや、ましていろいろなことなどできないのだということを知ったような気がする。

佐藤先生は私に、「勉強の仕方」を教えて下さったのだと思う。そして、音楽こそ、〝速く〟よりも〝深く〟が大切、一つのことにどれだけ時間をかけ、どれだけ深く追求して行くかということが、自分を深め、自分を幸福にしてくれるのだと教えて下さった。

高校時代、長い闘病生活を過ごし、人より二年遅れて大学に入ったが、そんな私を、佐藤先生は幾度も励まして下さった。「病持ちの人間には病持ちの人間にしかできない勉強の仕方がある。人がやらないことをしなさい。人が気づかないことをするんだよ。自分にしかできないことが必ずあるはずだから」と。

　膠原病の再発やリハビリのために大学を中退したときも、お心のこもったお手紙を何度もいただいた。先生の、青インクの万年筆の、太い大きな文字は、ずっと私の心の支えだったし、事実、先生のそのお言葉は、その後の私の人生、今の私の生き方に、やはり繋がっていると思う。

　私に「勉強の仕方」を教えて下さり、病を持っていても病気とせず、そんな人間だからこそできるやり方で勉強し続けることを勧めて下さり、自分らしい生き方を見つけさせて下さった佐藤先生に、私は、心からの尊敬と、何より感謝を抱き続けている。大学で佐藤先生に出会った頃、先生はまだ講師でいらした。その後、ショパン協会関西支部設立と同時にお声をかけていただき、その中でも、あるいは個人的にも、思えば三十四年もの長い間ずっとお世話になり続け、おそらく私は、佐藤先生の門下の中では一番古い弟子ではないかと思う。私の教え子がさらにまた相愛大学で、教授となられて久しい佐藤先生のお世話になり、私のことを「お母ちゃん元気か？」と訊ねて下さるようになってからさえ、十年以上経つのだから――。

佐藤先生は、常に、学術的根拠を持ってショパンの真実の姿を、私たちに伝えようとして下さった。楽譜の中に見え隠れするショパンの音楽家としての生き方に、深い共感を抱き、誤解されがちなショパンの作品の真実を見据える目を養わせて下さった。少くとも、私に対しては三十四年もかけて、ショパンの「譜の読み方」と、作品に現れているショパンの「音楽家としての生き方」を伝えて下さったのだと思う。私は、佐藤先生が長い年月をかけて私に伝えて下さったショパンの本質を、これからも、心をこめて、自分の生徒や、大学の学生に伝えて行こうと思う。佐藤先生が私たちにそうして下さったように——。

ショパンにはショパンの音というものがある、ショパンを技術のひけらかしに使ってはいけない、「音楽とは、音による思想の表現」と未完の著作の草稿に書き記していた、そんなショパンの作品に、勝手に標題をつけるな、芸術性の高いポロネーズやマズルカを多く書き残すことにより後の世にもポーランドという国名やその国の悲運な歴史まで伝えようとしたのがショパンだ、銃を持って戦うだけが愛国心ではない（人にはそれぞれ役割があるのだ）と、今も私には先生のお声が聞こえてくる。先生のショパンへの思いと熱意が、静かに私の心にも堆積している。

私がポーランドで集めてきた、易しい技術で弾けるショパン以外のポーランド人作曲家のマズルカやクヤヴィアク、そしてショパン作品のシミュレーションとなるような様ざまな作品、また、一般的にはそれほど知られていなくてもとてもショパンらしい彼のマイナー・ワークス等々、そんな小品の数々を一冊の本にまとめて、初心者や子どもたちにもショパンの心を伝えたいと思って出した「ショパンへの道」というピアノ曲集を佐藤先生に贈らせていただいたとき、先生は、「こんな本、ありそうで、なかったなァ」と言って下さった。初心者が一日でも早くショパンの心に出会えるように、そんな本を作ろうと思うに至ったのは、長年、佐藤先生から多くのことを学ばせていただき、ショパンの音楽と彼の魂を心から愛してしまった私が、憧れて習い始めたにもかかわらず技術的なことで一向にショパンに出会わせてもらえないでいる子どもたちや大人の初心者に、一日でも早く出会わせてあげたいと思う一念からであった。

人にはそれぞれの役割りがある――。ショパンの生き方を見据えることで、佐藤先生が私に教えて下さったことだ。先生から教えていただいたことを私は、これからも自分の役割りの中で果たして行こうと思う。

佐藤先生、――私の心と私のショパンの楽譜の中に、先生は生き続けています。だから、さようならは言いません。（ショパン協会関西支部「会報」掲載文に加筆　二〇〇三年五月号より）

言葉ではないものの力

ロバート・キャパの写真展を見に行った。十数年前「キャパ・その死」を読んでとても心に残っていたので、機会があればいつか、一点でも多くの彼の撮った写真を見たいと思っていた。東京・京都・福岡の三会場の内、ちょうど京都の会期で時間の取れる日があったので、早くから予定しておいて出かけた。折しもイラクで、フリーランスの日本人カメラマンが、報道写真を撮影するための移動中に銃撃を受けて殺されたその直後だったので、キャパの没後五十周年を記念する展覧会と知りながらも、あまりにもタイムリーで、とても心が痛んだ。

一九一三年にユダヤ人の子としてブダペストに生れたキャパは、十八歳でジャーナリズムを学ぶためにベルリンの「ドイツ政治高等専門学校」に入学し、翌年、大恐慌により両親の仕事が倒産してしまったことで退学している。有名な写真エージェンシー「デフォト」で暗室担当アシスタントとして雇われたことが彼の人生を決めたのかも知れない。雇い主のカメラマンから派遣されて撮影したトロッキーの写真が、キャパの最初の発表作品となったことは、彼が報道写真家（報道記者）になったことと無縁ではないような何か必然性のようなものを感じた。

ユダヤ系ハンガリー人であったキャパは、ヒットラーが独裁政権を手にした時点ですでに人生の選択肢も狭まり、ウィーンの知人宅に避難した後、「自由と革新」の都市パリへ出ている。後に婚約者となるユダヤ系ドイツ人、ゲルダと共に、戦地での報道写真家、報道記者としてスペインへ行った。一九三六年、スペインのある村で、共和国軍の一兵士が撃たれて倒れる瞬間（＝そこで撮影していた自分も撃たれて死ぬかもしれなかった瞬間と言い換えたほうがよく伝わるだろうか？）を撮った「無名の英雄（崩れ落ちる兵士）」の写真が、本名エンドレ・フリードマンを、プロの報道写真家「ロバート・キャパ」に変えたきっかけの写真と書いてあった。その翌年、マドリッドでの取材中、恋人ゲルダが戦車にひかれて死んだ。その深い「悲しみ」は、より、戦争やファシズムそのものに対する「怒り」に転化するきっかけになったことだろう。彼の戦場写真には傾向があることを感じたのだ。

昔、世界史の授業で習ったときにはピンと来なかったが、やはり、「スペイン内戦」は特別なものだったのだとキャパの写真を見て思った。スペイン陸軍が北アフリカのスペイン領モロッコで共和国政府に対して軍事蜂起を起こし、それが本土各地に飛び火したとき、スペインの民衆たちが反乱軍の進撃に勇敢に抵抗し、それを支援するために、世界五十五ヵ国から！前後あわせて7万人もの！「自由のための義勇兵」が集まって、共和国側の民衆と共に戦ったという事実――。

私は今、いかなるテロも報復も、「戦争」という名のものに正義などないと思っているが、当時、スペインの反乱軍が敗北することで、それが同盟するヒットラーやムッソリーニのファシズムそのものの敗北に繋がると信じて、自分の国ではないのに、一般民衆を守るために世界各地から集まった青年たちがいたという事実を改めて思うと、この時代、「戦争」にもまだ「正義」があったのだと思えて、自分の中で矛盾してしまった。

キャパの作品には、どれも、彼の思いがはっきり読み取れた。女性民兵の無垢な笑顔。

戦地に向かう列車のデッキで一～二歳の我が子に別れのキスをしている若い父親。武器もないままただ整列する国際旅団の閲兵式。農民たちの農作業。臨時識字学校で若い青年から文字を教わる農民。無事に再会を果たして抱き合い喜び合う若者。農民民兵の軍団。マドリッド大学の学生兵。地雷を爆発させて進軍する民兵。トロッコのような車でギュウギュウ詰めのまま避難するマドリッドの子どもたち。悲しみ、不安、疲労、気が遠くなりそうな表情で瓦礫の街に立ち尽くす女性。負傷兵の救出光景。たまごや野菜を売るおばあさん。地下鉄の防空壕。子どもを抱き、炎天下を僅かな荷物とバケツだけを持って黙々と避難地に向かって歩いている女性たち。孫を背おってひたすら歩いている老夫婦。壕の出口で日の光をとり、家族か友人か恋人だろうか、小さな紙切れに手紙を書いている青年民兵。等々、キャパが撮ったモノクロームの世界の中で、彼や彼女たちは永遠を生きていた。戦場で。

二十歳で報道写真家となり、四十歳の若さで、キャパは、インドシナ戦争の取材中にヴェトナム・ハノイ南方でカメラ・アングルを変えようとしたとき、地雷を踏んで死亡した。たくさんの写真の合い間に、何枚かのパネルがかけてあったがその中に私は、自分の心に響くキャパの言葉を一つ見つけた。

「私が写真家になったという一つの理由だが、自分は言葉を持たない。新聞記者になろうかと思ったけれども、自分としては、この言葉ならという自信を持てる国語がなかった。それでは各国共通に同じように話せるものをと考えたときに、写真なら、それを通して話し、聞かせられるということに思い当たった。」

やはり、音楽と同じなのだと思った。キャパが、言語や国や人種を超えて、誰にでも語りかけることのできる「写真」を自らの表現手段とし、その力に、文字どおり命を賭けて人々に伝えようとしたもの　人間の命と尊厳、平和であることの大切さ——人々が繋がって生きられること——人々が愛しあって生きること——それは、まったくもって、音楽人としての私が目ざしているものと同じだと思った。少なくとも私の中での「音楽」はそういうところに立脚し、キャパの「写真」と同じように、誰にでも、魂から魂に語りかけるものでありたいと思い願い続けている。

思えば、私がこの三十何年間、言葉を持たぬ子どもたち、言葉を持てない子どもたち、いわゆる「障がい」を持った子どもたちとも共に過ごして来れたのは、そこに、「音楽」という、「言葉ではないものの力」が存在し、それによって結ばれていたからだと思う。

逆に、人間にとって何が最も大切であり、何をしてはならないか、何をしなければならないか、そして自分は何をしたいのか、そんな大切な事を私に考えさせてくれたのは、すべて、「自分の言葉」を持たない幼児や、言葉そのものを持たない「障がい」児たちだったと思う。

幼稚園で歌やリトミックを指導し、保育者のピアノ伴奏のレッスンや合奏のスコア作りを指導し、幼児から高齢者まで様ざまな人にピアノを教え、それにふさわしい教材がなければ作・編曲、監修、校訂、著者となって必要な教材を出版し、毎月ほど音楽雑誌に、依頼されたピアノ指導のノウ・ハウや音楽エッセイを書き、ピアノ指導者のための公開レッスンや講演で全国を奔走し、様ざまなチャリティ・コンサートの企画と出演、親子合唱の指導をして、音大で学生を教え、「音楽教育」のゼミを持ち、カルチャー・センターで講座の講師をつとめ、本を書き、時折依頼があれば、専門範囲で新聞にも文章を書き、ラジオでも語る、——まるで音楽に関する「何でも屋」のようにいろいろな仕事をしている私は、人から見れば「一体、何をしてるの？」と思われるかも知れないが、私の中では一致している。根っこは同じなのだ。それは、——音楽が他者に対して何をなし得るかということを伝える仕事。音楽教育の可能性とその希望を見届けること。ひとことで言うと、やはり、私は「言葉ではないものの力」を信じていて、それを人にも伝えたいのだと思う。

（二〇〇四年七月号より）

ピーターラビット　ピアノの本

芸術現代社からの依頼で書いた「子どもの眼の高さで歌おう」の出版は、一九八三年、私が三十四歳のときであった。四百字詰め原稿用紙で三〇八枚の、今と同じ手書きの原稿を提出し、何ヵ月かして校了後、「いわさきちひろ」の表紙で初版が我が家へ送られてきたときは本当に感激したことを今も憶えている。内容や筆致にふさわしい表紙を、ということで、当時の社長や編集者が選んで下さった絵だったが、「ちひろ」の絵のステイタスを下げないために「いわさきちひろ絵本美術館」による、本の内容の審査と表紙の印刷技術の審査があり、共にクリアーし、使わせていただいた表紙絵であった。二十一年経った今、十何刷かに重版され、長年、目にしているが、その表紙は、さすがに「いわさきちひろ」、その無駄のなさと上品な色調で、いまだ飽きることがない。

その後、私は、この二十一年の間に東京の四つの音楽出版社から様ざまな依頼を受けて、ピアノ曲集、連弾曲集、子ども用の楽典ドリルやワーク・ブック、中高年用のピアノ・メソード等々、二十数冊の著書を出版してきたが、今回私は、二十一年前の、初めての出版のときと同じくらい新鮮な気持ちで、この本の刊行を待った。インターナショナルな、あの「ピーターラビット」とその仲間たちが、多くの子どもたちに、私の思い――「ピアノを弾くというのはどういうことなのか」「音楽するというのはどういうことなのか」という思いや考えを伝える手伝いをしてくれるメソードとしてでき上がってくるのだから――。

「ピーターラビット　ピアノの本」――まさしくタイトルどおりで、ピーターやその仲間たちが、全三巻どのページにも顔を覗かせている。だがそれらの絵は、単なるイラストや単なる挿絵ではなく、それぞれの曲の内容、もしくは奏法をイメージさせ、絵本の中の各場面に子どもたちを誘う、そういう役割りを持った絵なのである。

もともとイギリスの絵本でもあり、また各国語に訳されて出版されている絵本でもあるから、どの国の子どもが使っても内容が解かるよう、タイトルはすべて英訳をつけ、最低限の指示にも英語を施した。

ピアノを弾くということは、心で感じたり想ったりしたことを音で表現することであり、その基本と習慣は、習い始めのときにこそ身につけるべきことと、何よりも強く私は思っている。つまり、音符を正しく鍵盤に移しかえるだけの「作業」や間違えずに弾くという「訓練」ではなく、どの時間、どの瞬間においても、練習やレッスンというものは常に、「イメージを音で表現する行為」の連続でなければならず、導入期のメソードこそ、そのための本であってほしいと長年思い続けてきた。言いかえれば、子どもが初めて出会う、「メソード」こそ「初めから音楽する本」であってほしいということである。

一つひとつの音の表情や音色、一つひとつの音の繋がり方や切れ方にこだわりを持つ姿勢、つまり、音の出し方や消え方、音の「聴き方」まで育てるメソードを私は書きたかったのであり、この「ピーターラビット　ピアノの本」で私はそのことを果たしたと思っている。

子どもの心理を考え、とても薄い本にして全三巻とした。持ち運び（レッスンに通うこと）に少しでも軽いほうが良いのと、子どもたちにとっては「新しい本を貰うよろこび」、指導者にとっては「身近なゴールをたくさん用意すること」は、とても大切なことだと思う。

演奏を通して、譜の読み方やピアノの弾き方を学んで行くという点においては、「メソード」そのものであるから、この本だけで導入期のレッスンを進めることができる。また、すでに他のメソードを使用している場合は、併用曲集としても利用でき、そのメソードを補完できる。メイン、サブ、いずれの使い方においても、従来子どもたちにとって落とし穴となりがちだったリズムの組み立て方やその理解、臨時記号と調号の効力の相違点、などを充分理解しクリアーできるよう、ピアノ指導者としての視点で作曲、教程を組んだつもりである。それでも「メソード」とせず「プリマー（プライマー）」と名付けた。道筋、順序、秩序、体系といった固い「教則本」的イメージよりも、「入門書」「手引き」といったやわらかいイメージの本でありたいと思う。まさにこの本はどの子どもでも、ピアノの弾き方を学びつつ、音楽する行為を具体的に学び、身につけて行けると思う。

どのページも、どの曲も、たった八小節の短い曲に対してでも、充分な時間をかけ、その曲に深いこだわりを持ち、できればそれぞれの動物が出てくる絵本を、先生は子どもたちに読んであげてほしい。あるいは子どもたちは、練習しているその曲のもとの物語（絵本）を、お父さんやお母さんたちと一緒に読んでほしい。先生と生徒、親と子、大人と子どもの関係にもきっと、今失われつつある豊かなコミュニケーションを取り戻すことができると思う。そして動物、植物、自然への興味は、必ずや「人」との関係、人への愛に繋がると信じている。

くり返して言うが、音で何かを表現することが「音楽する」ということである。「音楽」そのものは楽しいものと知っていたり、想像できたりするのに、「音楽すること」は楽しいことであるということを知っている子は日本ではあまりにも少なすぎるように思う。

私は自分の生徒の一人に、この「ピーターラビット ピアノの本」全三巻を、まだ出版されていないうちから一曲ずつ、本当に一曲ずつ、自分の手持ち楽譜をコピーして渡し、それだけで、まる二年かけてレッスンした。全巻で六十一曲しかないが、九十六回のレッスンで、彼女は完璧な読譜力と表現力を身につけ、その必然性としてテクニックもついたと思う。

一曲に、一つのことに、如何にこだわり、時間をかけるか（かけることができるか）ということも一つの能力ではないだろうか。

日本では、人より早く、人より速く、人より多くのことができることだけを能力と考えている人間があまりにも多いように思う。そのことは、競争を生み出し、ベスト・ワンをつくることはできるかも知れないが、「音楽」にとって最も大切なオンリー・ワンを生み出すことはできない。自分は（自分だから）何ができるか、どこまでできるか、その豊かさと深さこそ、音楽にとって最も大切なものであり、音楽教育とはその豊かさと深さで人間形成していくことではなかったか――もともと。

私は特に幼い子どもに対しては、〝譜読みは少なく課題は深く〟ということを常に目標にしてきた。

一曲に、一つのことに、如何に時間をかけることができるか、それは指導者の力量と資質を問われることでもある。型どおり先へ先へと曲数やページ数が進んで行くことだけが本当の上達ではないと思う。一つの曲や一つのことの中に〝できること〟を深めて行くことこそ、その子の本ものの充実感、本ものの感動、そして本当の「自信」へと繋がって行く。「ピーターラビット　ピアノの本」は、どの子も時間をかけてゆっくり進んでほしい。それが私の願いであり、祈りでもある。

一曲に、一つのことに、どれだけ深くこだわり、如何に時間をかけるか（かけることができるか）ということも一つの能力である。

指導者にとっては、どこまで待てるかということなのだと思う。愛情を持って。

「ピーターラビット　ピアノの本」は、そんな指導者のための種蒔きの本でありたい。「子どもの眼の高さで歌おう」の視点を具体化させたテキストが「ピーターラビット　ピアノの本」なのだから。

（二〇〇四年十月号より）

阪神大震災被災児救援コンサート
十年の重み

阪神大震災のあの日からまる十年経った。昔から「十年ひと昔」と言うが、私はあの阪神大震災をひと昔前のこととは決して思わない。「人は〝忘れる〟から生きて行けるのだ」という人もいるが、戦争や震災などは決して忘れてはならないものだと常に私は思っている。というよりも、忘れないための努力をどれだけできるかというのが「政治」であり、「教育」であり、人としての「愛」ではないかと考えている。震災直後、町で瓦礫を片づけたり、避難所で炊き出しをしたり、心ある多くの人たちがボランティアとして参加し、その力は本当に必要で尊いものだった。だが、私には被災地でのそのような救援活動はできなかったので、何か別の方法なら役に立つかも知れないと考えたのがチャリティ・コンサートのことだった。私自身は、この震災で被災した人々のことを忘れないための努力を、自分の仕事や自分の生活との接点に置くことで忘れないための努力を続けようと決心したのだと思う。

一九九五年一月十七日にあの大震災が起こり、我が家も「震度5」という強い揺れだったが、一生忘れられないほどの恐い思いをし、少しは被害もあった。だが家族全員無事だったことにとても感謝した。そんなとき、京都の友人、狂言師の松本薫さんの声かけで、二月末、それぞれの音楽仲間が集まることになった。「私たち音楽家に何ができるか」という問いかけに応じて集まった仲間たちの会議で、「とにかく始めなければ始まらない」という言葉がとびかった。それが「始めなければ始まらない公演友の会」という名称になり、それを、「会員制」にしたことは、その後の運営上、とても有意義な役割を果たすことに繋がった。支援会員を募り、毎年、千円の年会費を振り込んで貰うことと、毎回の案内チラシを送付することは、「震災のこと、あなた、忘れていませんか？」と問いかけ続けることでもあり、それに応えて下さる聴衆がだんだん増えたことで、私たちのチャリティ・コンサートが十年も続くことになったのだと思う。第一回は九五年五月十七日に開催、その年のうちに合計六回ものコンサートを行い、一年が経過した。九六年一月十七日（震災一年後）の第七回企画のときには、もっと長く続けたいと思ったので、「続けなければ続かない公演友の会」と改称した。

「始めなければ始まらない」「続けなければ続かない」両方合わせて、これまで三十四回のチャリティ・コンサートを開催してきたが、そこに出演してくれた音楽仲間や諸先輩の名前を挙げてみて私は、その数の多さとメンバーのすばらしさに、今、改めて驚いている。第一回から第三十四回までのボランティア出演は、何と、のべ一一七名。しかもその中には、第三十回のときのように、私の音楽仲間だけでは人が足りなくて、仲間の仲間にも声をかけて貰い、「1・17希望オーケストラ」を実現させ、そのオーケストラのための委嘱作品（十河陽一作曲「木洩れ日、そして祈り」）まで書かれたという、これもまさに特筆すべきできごとが実際に生まれている。指揮者もオーケストラの要員も、国際的に活躍している人や、関西の著名なオーケストラの首席及びそれに近い一流の人たちばかりで、その演奏を聴き、メンバーを知ったある専門家が「これはまさに関西のサイトウ・キネン・オーケストラだね」と言われたほどで、「類は友を呼ぶ」以上に「音楽は友を呼ぶ」と心から思った。

このように、「音楽家にできること」はたくさんあった。だが、それと同じくらい、あるいはそれ以上に、「聴衆にできること」の大きさや「聴衆」一人ひとりの「支える意志」

としての参加や拍手の力を、何より有難く思い続け、感謝しながら過ごしてきた。私が十年間チャリティ・コンサートを続けることができたのは、十年間支え続けて下さった方があった、ということであり、この世知辛い時代に、しかも一般にはコンサート離れが嘆かれている音楽界で、逆に十年間ずっと支援会員数が増え続けたという事実や、どの公演のときも会場が儀礼的ではない暖かい拍手と心からの応援の雰囲気にあふれていたという事実こそ、私は、何よりも有難く、誇りに思いたい。また、第一回から十年間ずっと、北海道から沖縄まで各地方に、「自分自身は遠隔地に住んでいてコンサートに参加できませんが、行ったつもりでチケット一枚分の代金を振り込みます」と、振り込みや送金をし続けて下さった方々にもこの紙面で改めてお礼を申し上げたいと思う。

震災で両親を亡くした子どもたちに「生きて行く力」をつけるための一番のプレゼントは、物質や生活のための義援金だけでなく、「近隣の私たちはあなたたちのことを忘れてはいないよ」と連帯し続けること、そして同時に、「教育」を受ける機会の援助をすることではないかと考えていた私は、当初最低五年は続けたいと思っていたが、その五年めを迎えたとき、聴衆の側から提案があった。「毎回すばらしいコンサートで感動を貰っています。いつのまにか五年経ってしまいましたけど、あと五年、がんばって続けて頂けませんか？私達も参加し続けますから」と。

音楽家仲間が「始めなければ始まらない公演友の会」を結成して始めたチャリティ・コンサートは、聴衆にしっかりと受けとめられ、舞台と客席が一体化し、自然発生的に、まさに「続けなければ続かない公演友の会」となり、聴衆の側から続行を提案されるほどに育ったということに感激し、その日の舞台で私は客席に向かってそのことをはかってみた。感動で泣けてくるほど「もうひとがんばりしようよ！」と、割れんばかりの拍手が返ってきた。熱いエールの中に佇み、こんなに反応のある、意志のはっきりした聴衆も珍しいと思った。「聴衆」という名の役割りにも、本当に大きな力があると確信した。

音楽の力を信じて始めたチャリティ・コンサートは、演奏家の協力だけでなく、目に見えないたくさんの裏方の支えを生み出し、何より、聴衆の力で目標の五年を超えて十年に延長されたのだから、これは感動的なことだと思った。あるべき姿の「みんなの音楽」が、舞台と客席、双方向に作用し合って、社会の一部を「あるべき姿」にしてくれたのかも知れない。

この経験で私は、コンサートも一つのメディアだと思うようになった。ポリシーがあればそれは必ず伝わると――。

一回ずつは大した義援金ではなくても、この十年の間に一千万円近く「希望王国」や「浜風の家」「あしなが育英会・虹の家」に贈ることができたのは、「音楽」で繋がった人たちのおかげだと思う。リピーターを確保し続けるために、楽器の種類や演奏形態の多彩さ、コンサートそのものの質の高さを目ざしてきたので、企画や選曲に私も精一杯の努力はしてきたつもりだが、各アーティストも、精一杯人間性あふれる心のこもった演奏でそれに応じて下さった。思えばそんな音楽家仲間と共に、「一流の聴衆」として参加し続けて下さった聴衆のすべてが、私にとっては「音楽人仲間」として残されたように思う。また、事あるごとに各紙の記者が協力して下さり、新聞にもまだまだ正義があると思った。

自身が被災者で、身内を亡くし、悲しみの中でコンサートを聴いていた人が、偶然隣席に座り合わせた人と心を暖め合い、今では待ち合わせて一緒に食事をし、笑い合って二人で来場、「私たち、チャリティ友だちになったの！」と言って微笑む人もいたりして、そんなドラマまで生み出したこのチャリティ・コンサートを私はとても誇りに思っている。

希望がたくさん生まれ、私自身が癒され励まされた十年だった。

音楽やその感動を分かち合うことは、被災者も含め、すべての人の命のいとおしさを、心で抱きしめ合うことだと教えてくれた十年でもあった。

（二〇〇五年一月号より）

大切な、「想像力」と「感性」の教育を

ここ数年、本当に子どもたちの「学力低下」を痛感している。文部科学省の、諸外国との比較リストや、習熟度のデータ等をみるまでもない。三十年間、同じ場所で、同じように、子どもたちへのピアノのレッスンを続けている私が、この数年、どう考えてもその年齢ではあり得ないこと、起こり得ないことを、何人もの子どもたちのレッスンの中で思い知らされているからである。

私が今の場所でピアノを教え始めた頃、もちろん今と同じようにいろんな子どもがいたことには違いはないが、「つまずき」の原因は、単なる理解力のなさというよりも、むしろ、発想の豊かさや想像力の逞しさによる「勘違い」から派生したことのほうが多かった。

たとえば、レッスンの時間に遅刻してきた小学生にその理由を訊ねると、「学校で算数

の問題が解からなくてお残りさせられたの」と言うので、「どんな問題が解からなかったの？ピアノを弾く前にもう一度同じ問題やってみようか？その問題、おぼえてる？」と掘り下げて訊くと、「うん。おぼえてるよ。だって先生が問題を何度もよく読み直しなさいって言ったから、何回も何回も読んだから、その文章おぼえてしまった」との返事。そしてすらすらと、その文章問題をソラで言った。「4人で公園へ行きました。三人がけのいすにすわるとしたら、何人すわれませんか？」

おそらく、「引き算」を習ったばかりの応用問題だったのだろうと思った私は、その子に改めて訊いてみた。「きっとよく似た問題を習ったんだと思うけど、この問題は、どこが解からなかったの？何が解からなかったの？」

その子が答えた。「だって、陽子、毛のいすって、どんないすか知らんもん。ふわふわして気持ち良かったらみんなすわると思うけど、ちくちくして気持ち悪かったらみんなすわれへんかも知れんし…何人かなあ…」

泣きそうな顔で、だが真剣に、その子はそう答えたのだった。担任の先生に「何度も問題をよく読みなさい」と言われ続け、とうとう下校時間になって、「おうちで問題をよく読んで、よく考えて、明日までに式と答えを書いてきなさい」と言われて帰宅し、それでピアノのレッスンに遅れてきたのだった。

椅子に腰かける→椅子にかける→三人がけといった日本語の豊かさと裏腹の、その子の日常生活におけるボキャブラリーの貧しさが思わぬつまずきを招いたものだが、加えてその子の、豊かな発想や豊かな想像力もまた、勘違いの原因の一つだったと思う。その子に限らず、どの子も、大なり小なり、「子どもらしさ」や「発想の豊かさ」があり、良くも悪くも、大人がそれらに気づかずに「落ちこぼし」をつくってしまっていた時代も確かにあったと思う。

だが、今は違う。一般に、今の子どもたちには、あまりにも「想像力」がなさすぎると思う。

生きて行くのに必要な力は何種類かある。思考力、洞察力、集中力、忍耐力、記憶力、表現力——他にもいろいろあると思うが、少なくともこれらと合わせて想像力《イマジネーション》は、人が生きて行くうえで、「個」としても「コミュニケーション」の中核としても、とても大切な力だと思う。

こうすればどうなるか、こんな言い方をすれば相手はどう思うか、どう感じるか、こんなことがあればどんなことが起こり得るか、あまりにも基本的な、こんな簡単なことすら判からなくて際限なくやってしまった結果、相手を傷つけたり殺してしまったり、死に追いやってしまったという少年犯罪や事件が頻発して久しいが、これらもすべては、イマジネーションの欠如に端を発していると思う。あらゆる社会問題が、人間にとっての、この「イマジネーションの欠如」に由来していると思えてならない。いわゆる〝自己チュウ〟人間が増えたこともまた然り。

テレビもパソコン・ゲームもない時代は、子どもたちは本を読み、文章から、場面や情景、登場人物の心情などを想像し、そこに自分を重ねて心の旅をした。子ども同士で遊び、喧嘩もし、「限度」も知り、語り合うことや表現すること、理解すること、認めることも知って大きくなった。あらゆる思考力、洞察力も、すべて想像力の先に芽生えてくるものではないだろうか。

最近、小学生では高学年になっても、中学生になっても、〝簡単なこと〟がわからない子どもが増えた。また、考えようともせずに「わからない」とさえ言えばそれですむと思っている子どもも多い。譜が読めて、楽譜どおりにすらすらと弾く子どもたち、だが簡単なことが洞察・思考できない子どもたちがあまりにも多い。

一小節めにドミラソファソファミ、二小節めにレファシラソラソファと書いてあれば、三小節めから書いていなくても（中略されていても）続きは、ミソドシラシラソと弾けて当然なのだが、書いていない小節になると止まってしまい、「書いてないから判からない」と平気で言う子どもたち――信じられない事実である。

同じところをよく間違えるので、「そこだけ正しい音の名前を書いとけば？」と言うと、「ソ」と書いているつもりで「ン」と書いている子ども。高学年になってもカタカナの「ソ」と「ン」の区別が判からないような子どもが本当にこの数年来、増えたと思う。

「過保護」「与えすぎ」「テレビ」「バーチャル体験」「一方通行のコミュニケーション」「パソコン」「ケータイ」「個室」「待てないおとな」これらが子どもたちから奪ってしまったものの大きさ、大切さを、今こそ本気で考え、とり戻す方法を考えなければ――。

日本は長年、学校でも、家庭でも、「知育」と「体育」には力を入れてきた。私は、その知育も体育も、感じる力や想像する力があってこそ初めて、その上に立ち、洞察したり、思考したり、表現したり、伝達したり、享受したり、大切なことを選んだり、記憶したりできるのだと思う。

想像力は感性の中に含まれる。感性が豊かであるということは、あらゆる芸術のみならず、あらゆる学問、あらゆるスポーツ、そして人生そのもの、人の生き方そのものの力となる。
日本ではどこでも、知育と体育には力を入れるし、広辞苑をひいても「知育」「体育」「徳育」という言葉があるが、「感育」という言葉はない。あらゆることの原点となる「感じる心を養う」ことに対する教育の必要性、必然性を、こんな時代になってしまった今こそ、もっと多くの親たち、教師たち、そしてすべてのおとなたちが本気で考えるべきではないだろうか。

私は、音楽するということは、感じる心を養うことだと思っている。

とりわけピアノの練習、演奏という行為は、鍵盤上であらゆる「情報」を同時に処理する能力を必要とするため、きちんと習えば「知育」にも通じる。そしてその知育にも「想像力」と「感性」が大きな促成力となるのである。

広辞苑には載っていなくとも、私の中には「感育」という言葉がある。子どもたちには、しなやかな想像力や感性を養ってほしいと願っている。

英語では、「想像を逞しくする」という言葉を、stretch the imagination と表現するが、そのことの意味が今、何となく解かるような気がする。

（二〇〇五年七月号より）

私はわたし——コンサート・プログラムの余白メモ

「この段ボール箱、一体何?」

この夏、久しぶりに体調が良かったので、仕事の合間に、長年気になっていた二階のクローゼットや自分の部屋を片づけようとして、手始めに、階段踊り場スペースに並べて置いてあった大きな段ボール箱三つ、方向を変えて表記を探した。誰かの文字で「プログラム」と書いてあり、開けてみると、私の、過去に聴いたコンサートプログラムが、ただただ未整理のまま、びっしりと詰められていた。おそらく、四十年以上、中味を見返すこともなく、本当にただただ、引越しや棲み変えのたびに(数えてみれば古いものは五回も転々としているはず?)外側の箱だけ、誰かが丈夫なものと取り替え、詰め直してくれたものに違いない。今、この箱も、阪神大震災の翌年建て替えたこの家のどこかに、積み上げもしくは突っ込んであったものに違いなく、長い間、一度も日の目を見ることのなかった箱なのだ、と、苦笑しながら開けてみた。

へぇーッ。一九六一年五月三日。英国ロイヤル・バレエ団か……あっ、「ジゼル」のときかな？　ああ、この頃の私って、マーゴット・フォンテインの大ファンだったんだ……このときのジゼルにも大感激して、「よーし、やっぱりこのままがんばって、マーゴットのような立派なバレリーナになるゾ」と子どもごころに大決心したんだったっけ。1961年……えーッと、そうか。中一の春だったのか……それじゃあ、バレエ団のジュニア代表として、そう、できて間もない、同じこのフェスティバル・ホールの舞台に立たせてもらったのは、その前の年の夏だったんだねェ。へぇ。あ、そう言えば、その頃お父さんにマーゴット・フォンテインの写真集買ってもらったっけ。あれッ？あれ、どこに行ったのかなぁ。捨てた記憶もないから、どこかの本棚に残っているかなァ。ん、今度時間があるとき、探してみよっと。それにしてもマーゴットのような立派なバレリーナになるゾなんて、今思えば何と大それた夢！でも、まァ、理想があったということは幸せなことだったヨ……。今の子どもたちに比べたら、それだけでもシアワセ。あのあと、あんな大病しなかったら、やっぱりバレリーナになっていたかも知れないな……やっぱり、ちょっと残念だなァ……

そんなことを思いながら、いろいろなサイズの、昨今のものとは全く異なる、質素でおとなしい色ばかりのプログラムを、表紙だけ眺め、順番に指で繰っていった。箱のちょうど真ん中あたりに、小さすぎて見落としそうになったプログラムがあり、何気なく取り出してみると、何の変哲も無い淡いベージュの（もともとは白？）厚紙の表紙には、青い文字で、「内田光子ピアノリサイタル　1971年1月30日　大阪毎日ホール」と印刷されていた。

うわァ〜〜毎日ホール！そういえば大学時代のコンサートって、クラシックでもこんなところで聴いていたんだなァ……へぇ〜〜なつかしい――と思いながら表紙をめくると、「うっそォ〜〜」と思うような写真が目にとびこんできた。何と、あの「内田光子」が、頭にお嬢様スタイルの大きなリボンをつけ、シルクのような光沢のある薄い布地のワンピース?を着て頬杖をついているモノクロ写真であった。今よりは随分ふくよかな顔立ちで、若いけれど気品がある感じがした。当日の舞台での姿やこの写真のことなど、いわゆる視覚的なことはすべて忘れてしまっているのに、不思議にもそのとき彼女が演奏したピアノの音は、実は私は、今も克明に憶えている。厳密にいうと、音質、音色等、音そのものだけでなく、音と音との間の「休符」（静寂の声？）まで、私の耳と心と体の芯が覚え、今も憶えているのだと思う。オール・ショパンのリサイタル——その曲目まで記憶していて、会場がどこだったのかすら忘れてしまっているのに、そのホール内での切りとられた時間・空間は、克明に記憶していたというわけである。きっとそこに、感動の音楽があったからだと思う。

急にいろんなことを確かめてみたくなって次のページをそっとめくってみた。ステープラーの針が錆びて茶色になっている。あれッ？小さな鉛筆文字で何か書いてある。そう言えば私は、子どものときからいつも、読んだ本の最後のページに感想を書いていたり、聴いた音楽会のプログラムの印刷の余白に、何かメモ程度の感想を書く習慣（癖？）がある。三十四年も前のこと、若かった私が、今では老眼鏡がなければ読めないほどのこんな小さな文字で、一体、何を書いているんだろう？と思い、とうとうメガネまで取りに行き、A5サイズのプログラムの、余白の文字をしっかり読んだ。

「休符というものが一体何なのか、生まれて初めて思い知らされたような演奏だった。音以上に、休符は、作曲家の魂や心を語ることもあるということ——休符の緊張感、——ソナタが終わったとき、拍手もできないほど感動し、その音楽に心を奪われてしまっていた」と。

内田光子が二十二才。ショパン・コンクールで二位となり、その二〜三ヶ月後の帰国リサイタルを私も二十二才で聴いたことになる。ああ、若いときにこんないい演奏を聴いて良かったなと今、改めて思う。技術に対する感心ではなく、ショパン音楽の本質を伝え、感動を与えてくれる演奏に出会えたことを幸せに思う。今ほどショパン・コンクールそのものが人々に注目されていない時代のコンサートであった。

おもしろいことに、それに続いて、同じようなオール・ショパン・プログラムが出てきた。今でも著名な女性ピアニストだが、そのときのプログラムにメモしてあった私の感想は、「ショパン作曲・ツェルニー編曲!! タイピストになったらいいのに」とただひと言。そう書いたことすら忘れてしまっていたので笑ってしまった。

続いてイングリット・ヘブラーのプログラムが出てきた。モーツァルト弾きとして有名な彼女の演奏を、生で初めて聴いた日のプログラムだった。しかも大好きなKV.332のソナタが入っている。私の感想を読むと、生意気にもこう書いてあった。「モーツァルト弾きと人は言うけれど、私にとっては、このモーツァルトは何かちがう――」と。実は今も、彼女のCDを聴いて同じように感じている。

「佐々木成子独唱会」——ああ、このとき私は感動で胸がいっぱいになり、誰にも話しかけられたくなくて、京都会館から京都駅まで歩いて帰ったんだった……今の体力なら考えられないことだけど……。そういえば三十数年経った昨年、八十四歳での、この先生のリサイタルのプログラムも、ずっとそのままの「独唱会」と印刷されていたっけ……。

ケンプ、八十三歳。これが最後だった忘れられない音。「月光」のピアニシモは、一筋の絹糸のように美しかった。最後列にいた私の心にも届く、七色の光のような音だったから……。

珍しくカンツォーネ‼ボビー・ソロより前座のウイルマ・ゴイクの歌が可憐で良かった——そういえば、中学・高校時代、周りの皆は、ビートルズに夢中だったけど、私はそうではなく、カンツォーネの方が好きだった……少数派だったけど、ピアノが親友で幸せだった……。

ふとあけた段ボール箱。数えきれない夥しい数のプログラム。それらのすべてに、自分の耳と心で聴いた感想がメモしてあり、それを読んでやっと解かった。どんなときでも、私はわたしだったのだと。

（二〇〇五年十月号より）

「表現」するということ

最近、電車に乗るたびに心が痛む。許せない、というよりも、許したくない。特にＪＲの車両内の「優先座席」は、元気な若者や中年ばかりで携帯電話のメールに夢中。『優先座席では携帯電話の電源をお切り下さい』と表示されているのに、その表示の前で、その席に座っているほとんどの人が、黙々とメールの送信・受信を行っている。中には堂々と着メロを流し、応答し、話し続けている人もいる。心臓にペース・メーカーを装着している人にとっては唯一、安心して乗っていられるはずの席でありながら、そんなことにはおかまいなく多くの人が当然のようにただひたすら携帯メールにしがみついている。

私が本当に許せないのは、どの車両の優先座席においてもそれが当り前のような光景になっていて、そのそばを通り抜けていくＪＲの車掌が誰一人としてその「違反の事実」を注意しない、ということに対してである。どの車掌も、本気で弱者の立場に立っていない、立つための努力をしていないという状況を私は許せないのだ。『優先座席では携帯電話の電源をお切り下さい』と表示し、型どおり車内放送さえしておけば社会的な責任は免れる（非難されることはない）と考え、それで済ませているとしか思えない。「あなたは電波による加害者になりたいですか？」とでも表示すれば人は考えるだろうか。ルール違反している人たちだらけの優先座席のそばを通っても、注意せず、平気で通り過ぎていく車掌たち——私が目にする車掌のすべてがそうなのだ。それは「認めている」と捉えられても仕方のない行為である。そこにしか居場所のない心臓に疾患のある人や、体質上電波にさらされたくない人たちのことをどう思っているのだろう。そして言いたくもないのに勇気を出して「ここは携帯の電源を切らないといけない席ですよ」と、努めて笑顔で注意することを心がけている私のような人間が、大抵は無視され、ひどいときには「おうおう、オマエは偉いのう。勝手にほざいとけ！」「なんでおまえみたいな女のヤツに言われなアカンねん」「私だけと違うやん、みんなやってるやん」と返され続けていることを、ＪＲ職員は、特に車掌は、どう思うのだろう。自分たちが弱者の立場に立ってルールを徹底させる努力を何一つしないために、市井の人間、一乗客が、こんな不愉快な思いをしているというのに——。

　こんな世の中、逆ギレした人間に危害を加えられかねない不安を感じながらも、「ひょっとしたら、このヒト、無意識にルール違反を犯しているのでは」と良い解釈をしてしまい、懲りずに毎回毎回、笑顔をつくって注意してしまう私は、一体何なのだろう？

　ところで阪急電車の車掌は、電源ＯＦＦを表示している車両での通話やメール等、違反らしき姿を見るや否や、隣りの車両やホームからでも、即座に電源を切るように注意しに飛んで来る。そんな光景を私は何度も目にしているし、そのたびに、本気で弱者の側に立とうとする企業努力を感じて嬉しく思う。

　さてそんな私が、ある日の夕方、やはり京都線のＪＲ車両の優先座席でメールに夢中になっていた若い女性に、いつものように気をつかって笑顔で注意してみたら、その女性は無視してメールを続け、次の駅で降りていった。すると少し離れた席に座っていた年配の女性が私のそばへ来て言った。「おネエちゃん勇気あるなァ。うちら心の中で思うても、なかなか言われへん。見習わなアカン思たわ。アンタ、無理して笑いながら注意したはったわなァ。今度うちもそうするワ。ほんで（それで）言葉に出してちゃんと言わな、なあ。（言わなければ、ね）」と。

ちなみに大阪のオバチャンは自分が年上だと思ったら、相手が女性なら誰にでも（？）おネエちゃんと呼ぶ。そしてそんな人の中には「うちだけちゃうやん（私だけではないでしょ）！」と自らのルール違反を棚に上げて喰ってかかりそうな人が多いのに、その人は意外にも私に共感してくれたのだった。

言ってよかった――救われたような気がして「表現」することの大切さを実感しながら、大阪駅でその人と別れ、私はその日聴く、ポリーニのリサイタル会場へ向かった。

喘息を発病して以来私は、コンサート前には必ず気管支拡張剤を吸入してから着席するが、それでも咳発作が起こりかけたら、周囲に迷惑をかけないよう早くホールの外へ出られるように、チケットは、可能な限り通路ぎわの、なるべく後方の席を買うことにしている。その日も私はいつものように通路ぎわの席に一人で腰かけた。

久しぶりのポリーニの演奏は、意外なほど人間的で好感が持てた。同じように周到で完璧な演奏なのに、かつてのように宇宙的？でもなく、冷たい？印象もなかった。オール・ショパンとは言え、9曲ものノクターンが入っているプログラムも意外だったがop.15-1のノクターンの最初の音、たった一つのCの音が聞こえてきたときも「えッ？あのポリーニが、こんなはかない切ない音を？」と感じ、意外であった。

プログラムのすべてが終わり、彼はアンコール曲としてプレリュードを一曲弾いた。（いわゆる〝雨だれ〟）アンコールの二曲めは、何と（アンコールだというのに！）彼は、バラードの第一番を弾いた。特にコーダの部分で私は、そのリズムを、改めて（初めて？）認識し直し、楽譜に忠実なリズムを感じて、それが新鮮で感動した。

その曲が終わったときだった。ふと気づくと通路をへだてて私の隣りの席に座っている女性が、一生懸命、右手で自分の右膝を叩いたり椅子の側面を叩いたり、左膝の上を叩いたりしている。どこを叩けば少しでも大きな音が出るかと探しながら片手で拍手できるところを探しているというふうに私には感じられた。半身不随の人かも知れないと思い、よく見ると、足元には杖が置かれ、彼女は体育館シューズを履いていた。アンコールなのにバラードのような大曲を弾き、しかも熱のこもったすばらしい演奏をしてくれたポリーニに対して、その人は一生懸命その感動を、拍手の音に託して伝えようとしている。二千人入るホールに補助席を出しているほどの満場の拍手があふれる中、この人が片手で膝を叩こうが椅子の側面を叩こうが、舞台の上のピアニストにそのことが判かるはずがない。それでもこの人は、自分が「感動した」ということとそのものを、少しでも大きな音にすることで、こんなに一生懸命伝えようとしているのだ。不自由な身でまさに自分の身を持ってそのことを伝えようとしている――。これが「表現」でなくて何だろう。

二千人を超える人びとの大きな拍手の中でさえ、自分の思いを、この人は一生懸命「表現」しているのだと思った。この女性が、単にクラシック音楽ファンなのか、またはポリーニのファンなのか、もしくはかつてピアニストだった人なのか、私には知る由もない。だが、この人は自分の不自由な条件の中で、精一杯、まぎれもなく自分の思いを表現している――。

そんな彼女の「表現」に感動した私は、思わず手を貸したくなり、またそうしなければあとで後悔するような気がして、通路の向こう側の席にまで届くよう精一杯身を乗り出し左手を伸ばした。その人の右手の下に私の左手を、手のひらが上向きになるように差し出して上下し、精一杯大きな声で叫んだ。「一緒に拍手しましょう！」と。その女性は驚いたように私を見つめ、一瞬、泣いたような笑ったような歪んだ顔で「ありがとう」といい、私たちは、二人で一人分の盛大な拍手をした。心がホカホカした。

過不足なく自分を表現するということは、やはりとても大切なことなのだと思った。

（二〇〇六年一月号より）

「あやとり」をおぼえていますか？

病院の待合室で診察の順番待ちをしていると、いろんな場面に遭遇する。大抵は、腹の立つことや、それを通り越して悲しくなってしまうことのほうが多いが、時には、ほほえましい場面やホッとする場面に出くわすこともある。

ある日、いつものように下を向いて本を読んでいたので初めは気がつかなかったのだが、ページをめくるとき、何気なく視線を上げると、私の少し前のベンチに、小学一〜二年生の女の子と、その母親らしい女性とが二人並んで腰かけていて、寄り添ったり離れたりしていた。気にとめず、めくった次のページに視線を落とし、数行読んだところで、「やぶの中の一軒家！」と言う、女の子のかわいい声がしてハタと気づいた。ああ、あやとり……。何か気になり、角度を変えて見ると、丸顔のかわいい女の子が、母親と二人、ピンク色の光沢のある紐で、「あやとり」をしていた。こんな光景を見るのは久しぶりだと思った。

急に自分の子どもの頃を思い出した。

私の母はいつも和裁の仕事をしていたので、一人っ子の私は幼稚園から帰ってくると、一人、縁側で「キンダー・ブック」や絵本を読み、時折、庭に下りては花壇に植えてあったフランネル草やアネモネの花を眺めたり、しゃがんで蟻の行列と話をしたりしていた。それらに飽きると、母に教えてもらっていた、「ひとりあやとり」をして遊んでいたが、和裁のきりがいいときなど、母が立ってきて、日のあたる縁側に並んだり向き合ったりして座り、二人でとり合う「あやとり」をした。小学校に上がるとそのレパートリーもいろいろと増えていったことを思い出す。

私の「あやとり」の紐は臙脂色の毛糸だった。母が、「臙脂（えんじ）色」と呼んでいたので、私はその色のことを「えんじいろ」と覚えてしまっていたが、そういえば「臙脂」だの「臙脂色」だのという言葉も、最近耳にしなくなった。現代では、赤紫とか、紫がかった紅色とか言うのかも知れないが、よく似た色で「牡丹（ぼたん）色」というのもあったので、それらの違いを今では何と呼ぶのだろう、などと、その親子の手もとが見える角度にある、別のベンチに腰かけ直し、その親子の「あやとり」を眺めながら、私は、思わぬことまで連想したのだった。

その親子が二人でとり合っている「あやとり」は、私に、いろんなことを考えさせてくれた。

まずは、単純に、「親子が寄り添っている姿っていいなぁ」と思った。最近、子どもがそばにいても、母親が自分一人で携帯のメールにばかり夢中になっていて、そばにいながら子どもの心を放ったらかしにしている姿をよく見かける。まだ言葉を持たない一歳未満の乳児でさえも、親や周囲の人間に話しかけられることや見つめられることで、笑ったり視線を移したり、あぐあぐ、うぶうぶと声を返したりしてさまざまに反応し、発信し、「対話」できるのに、まして、片言、あるいはそれ以上の言葉を持っている子どもがすぐそばにいながら、何の対話も持たず、寄り添うこともせず、「メール」にばかり気をとられ夢中になっている母親が、我が子を、ヒトから「人間」へと育てられるはずがない。最近では、親子が手をつないで歩いている姿すら、あまり見かけなくなった。情緒の安定した、感性や表現の豊かな人間に育つための根っこのところで、つながっている、見つめられている、愛されているという安心感や信頼がなくて一体、どんな子に育つというのだろう。

ピンクの紐で母子が「あやとり」している姿は本当に、そこだけスポット・ライトをあてたかのように、私の心の中では、何か、小さな美しいもの、小さな暖かいものの残像となった。母親の、診察までの長い待ち時間の間に、その子は、「田んぼ」だの「川」だの、「ダイヤ」だの、「つづみ」だのと、かわいい声を発するたびに、母親の顔を見上げて得意そうな表情をし、その母親もまた、目を細めて笑っていたり、時折、「すごい、すごい」と娘に相槌を打っては「その気」にさせていた。

「あやとり」の紐のかたちで「田んぼ」や「川」「ダイヤ」「つづみ」「ほうき」などと言えるのは、それぞれの「もの」を知っていなければならない。その「もの」のかたちを知り、そのイメージを持っていたり、特徴を知っていなければ、「遊び」にはならないのだから、「電気掃除機」しか知らない我が子に、「ほうき」を見せたり、なければ絵に描いて教えたことだろう。そして「つづみ」とは何か、「藪」とは何か、「一軒家」とは何か、一つずつ、説明したり、教えたり、イメージを持たせたりしたことだろう。

「物」を知ることや、「物」へのイメージを持つことは、大切なことである。他者との共通認識が増え、コミュニケーションや表現の媒体ともなり、「物」を知ることは、単に言葉としての知識が増えるだけではない価値がある。たとえば、ほうきにはどんな種類があってそれぞれ何でできていて、どのように使うか、また、どのようにしてつくられるのか、長さや素材が用途によっても違うということを知るのは、「生活」を知ることであり、人類の知恵や人間の素晴らしさを知ることにもつながる。そしてそういうことを教えたり伝えたりすることこそ、親と子が、大人と子どもが「出会う」ということではないのだろうか。

「あやとり」という遊びの中には、大人と子どもが出会うための要素もあるということであり、子ども同士、友だち同士、知っていることを確認し合ったり認識し合ったりできる遊びであるということに他ならない。「ふたりあやとり」はもちろんのこと、「ひとりあやとり」でさえ、それを教えるときは、大人と子ども、あるいは子どもどうしでも、そこに「出会い」がもたらされるということである。

日本は近年、高齢化社会となったが、ピアノを習う高齢者が増えたことの中で、その一つに、「指先を使うのでボケ防止に」という理由をあげる人がいるが、そういう意味では「あやとり」もまた、その目的を果たすかも知れない。「おばあちゃん」が、誇りを持って、孫たちや地域の子どもたちに「あやとり」を教え尊敬される機会が増えたらうれしいと考えるのは私だけではないと思う。

子どもの頃、初めて傘を一人でさせたり、水たまりの上をとべたり、「お手だま」が上手にできたり、「ヨーヨー」が長く続いたりしたことは特別なことだった。その「特別なこと」が、子ども心に誇りであったり、自信につながったりしたと思う。

「あやとり」では、毛糸や紐一本で、「藪の中の一軒家」にも「富士山」にも「東京タワー」にも行けた。また、「ダイヤ」ができても「ほうき」や「はしご」ができなかったら自分に悔しくて、できるまで何度も練習した。

一人のときは、自分の右手と左手を使ってひとり遊びができ、二人のときは、その糸を自分と相手との間でやりとりする。渡しきったと思ったら、次の「つくり」で自分の手元に戻し、戻ったと思ったら又、次の「つくり」で相手の手に委ねる。

「あやとり」――何と公平な遊びだろう。勝ち組も負け組もない。しかも、「あやとり」の中では、そう、子どもにとっては、ダイヤモンドもほうきも同等の価値があったのだ。

「あやとり」――何と絶妙な名前の遊びなのだろう。感情のあや、人生のあやという言葉もある。相手の呼吸や感情の動きにあわせたり、相手がとりやすいように糸の向きや角度を変えて差し出すことのできる心づかいを知らず知らずのうちに養える、あの「あやとり」を、あなたもおぼえていますか？

（二〇〇六年四月号より）

やはり「一芸は万芸に通ず」

「この道何十年」という人は、折にふれ必ず言う。「よくぞこの道を選んだものだ」と。それが、美術であれ、文学であれ、芸事であれ、スポーツであれ、武道であれ、茶道・華道の道であれ、有名な和菓子屋の店主であれ、山の案内人であれ、レストランのシェフであれ、動物園の飼育係であれ、教師であれ、医師であれ、農業従事者であれ、大工であれ、牧師であれ、漁師であれ、とにかく、その道で自らを磨き、深め、いわゆる「一筋」に歩んできた人は、何かの折に必ず言う。「よくぞこの道をここまで歩んできたものだと思います」と。

もちろん、それそのものの価値を認められたり、そこに至るまでの努力を評価されたときに口をついて出てくる言葉でもあるだろうが、大抵は、自分がしてきたことや今も続けていることで誰かの役に立ったり、誰かが喜んでくれていることを再認識した場合のほうに、むしろ、よく使われる言葉だと思う。

自分のしてきたことや、自分の存在そのものを、社会という座標に置き、他者の役に立つこと、他者に喜んでもらうこと、他者の希望になること、これらは、やはり「道楽」とは少し違うのだと思う。

道楽とは、道を解して自ら楽しむ意から出た言葉であり、その定義は「本職以外の趣味などにふけり楽しむこと、また、その趣味」とされている。

誰を「師」とするかは別問題として、「道楽」のほうは、「師につかず師とならず」の行き方（生き方）も存在するが、「一筋さん」のほうは、おそらく、物やものごととの出会いや誰かとの出会いの中で、それに賭けてみたくなる何か大きな内なるものに突き動かされて、「一筋さん」になるのだと思われる。その「誰か」が、特定の人であったり、不特定の人々であったり、「何か」が、自然であったり神であったり、大いなるものであったり、「師」は一つではないと思うが、やはり、与えられるもの（授かるもの）があるような気がする。

「道楽さん」も「一筋さん」も、それぞれの良さがあり、私はどちらも好きだが、「一芸は万芸に通ず」という一点において、どちらかというと「一筋さん」の深さに学びたいと思っている。一つのことを深く極めることは、究めることでもあり、その一芸を究めつつある人の目や心（＝感性）は、必ずや、何をするときにも役立ち、あらゆることに応用できる人間になる、という考え方である。私は今、たまたま音楽の仕事をしているが、音楽の道で学びそこで得られたことに支えられて「一芸は万芸に通ず」の生き方をしたいと願い続けている。

「大きくなったらお花屋さんになりたい」と思っていたときがあるほど、私は、子どもの頃から花が好きだった。木に咲く花も、草花も、私にとっては小宇宙で〝不思議〟と〝美〟の象徴でもあった。もしも才能があったら、花の絵ばかり描く画家になりたいと思ったかも知れない。本当に花が好きで、小学生のうちから、母について行き、一緒に華道を習わせてもらった。家元から「師範」の免状まで頂いたが、その先生が亡くなられるまで、十六年間お世話になった。その師は無口な男の先生で、花を生けるときもその前後も、私は十六年間、世間話一つしたことがないし、シーンとした部屋で正座し、鋏を入れる音以外何一つ物音の聞こえない時間を、毎週、共にした。でも、一つだけ、枝葉に鋏を入れるとき、いつも口癖のように言っておられた言葉を、私は今も忘れられないでいる。

「花や木は生きています。自分の思うようになんかなりません。素材を生かすことです。自然の法則を知り、その花の癖や特徴を生かして生けることです。私はこの枝一本、この花一つでも、どちらの方角に伸び、どちらの方向を向いて咲いていたか判かりますよ。それらを生かすことです。それが一番美しい姿であり、そのとき初めて人間の目を楽しませてくれます。」

――そうなのだ。清楚な花は清楚さで、静かな花はその静けさで、自分の存在を主張しているのだということを、私はその「師」から学んだのだと思う。今、私は、子どもたちにピアノを教えているが、同じことを思っている。

「子どもは生きている。自分の思うようになんかならない。その子を生かすこと。人の道を知り、その子の個性や特徴を生かして育てること。それが一番、自然な美しい姿であり、そのとき初めて、育てる者を楽しませてくれるのだ」――と。

人生には予期せぬできごとが多くありすぎて、私にとっては想定外だった「ピアノの先生」になってしまったが、それでも私は、やはり音楽をやってきて良かったと心の底から思っている。ひょっとしたら音楽以外の道で何かの勉強や何かの仕事をしていたとしても、おそらく私はその道でも「一芸は万芸に通ず」と考える人間になっていたかも知れないが、音楽の道はなおさらそう思わせるファクターが多いように思われてならない。

ピアノは、たとえそれがどんなに易しい小曲であったとしても、人の前で思い通りに弾くということは難しい。舞台や人の前で思い通りに（表現したいように）弾けるということのためには、たったひとつの音でも、その音楽にふさわしくない音は一切出してはならず、つまり「偶然の音」があってはならず、すべて必然性のある音、選ばれた音、準備された音で弾かなければならないのだから、ピアノを習い続けたおかげで、まずは周到な準備をする生活習慣が身についた。そしてそれに伴い、当然、根気よくコツコツと努力する姿勢や、すぐに結果が出なくても諦めない精神力も身についたと思う。また、曲の解釈や表現も人によって異なることを知り、だからこそ発見や新鮮さや感動に出会えるということを知って、人はそれぞれ皆ちがう……違うからこそ出会うことの意味がある、と知った。

能力を高め、人間性を深める努力はし続けたいと思うが、個性の違いのみならず、「生き方」そのものは、人と違っても平気であること、人はそれぞれ皆ちがい、互いにその違いを認め、受け入れ、願わくばその違いを支え合う、愛し合うことができて初めて、それが本当の民主主義であり、社会のあるべき姿ではないかと「音楽」のあり方に、教えてもらった。

毎日毎日、同じことを繰り返し繰り返し練習する。同じ譜面、同じ楽譜なのに、ある日突然、違うことが見えてきたり、違う音が聞こえてきたり、思わぬところに感動したりする。四十数年間、弾いたり、聴いたり、教えたり、「何十回もこの楽譜見てたのに、一体何を見てたんだろう?どこを見てたんだろう?」と思うこともしばしば。ある曲を暗譜しながら別の曲の譜読みや背景の調べごとを同時進行させる。また、同じようなフレーズの繰り返しの中で、似て非なるものを見つけたときの感激や感動。自分は何と幸福な人間だろうかと思ってしまう。

どんなちっぽけなことでも、繰り返し繰り返し、周到な準備と諦めない精神力と、それらを維持するためのしなやかな心を持つこと。その結果なら、たとえ、ハプニングが起ころうが、失敗しようが、「これが今の私の力量」と、潔く自分を認める力も湧いてくる。

――思えば、人生を生き抜くことと同じではないか。日常の繰り返しの中で、似て非なるものを見つける感性、周到な準備、諦めない精神力、しなやかな心、ありのままの自分を認める潔さ。

やはり「一芸」を求め続けよう。「万芸に通ずる」ときが来るかもしれない。

（二〇〇六年十一月号より）

「並ぶ」教育、「並べる」教育

文法的に言うと、「並ぶ」は自動詞で、広辞苑によると「二つ以上のものが同じ方向に向いて同列に位置する意」と定義されている。

他方、「並べる」は他動詞で、「二つ以上のものを同じ方向に向けて同列に位置させる意」と定義されている。

この両者の違いは大きい。そして私は、この両者の違いこそ、教育における「本質」の違い――あえて言うなら、教育と似非（えせ）教育の象徴ではないかと思っている。

幼い子どもは「並ぶ」ということがどういうことなのか知らない。どういう状態やどういう状況を指して言う言葉なのか知らないまま、その時その時の体験を総称して、「並ぶ」という言葉に対する概念を抱き、それを自分のボキャブラリーとして定着させていく。

たとえば、十人で公園へ行き、みんながブランコに乗りたいと思っているのに、ブランコが二台しかなかったとする。並ぶことを知らなければ、奪い合いになって、いつまで経っても誰もブランコに乗れない。そこで、親や幼稚園の先生は言う。「並んだ順にブランコに乗ることにしよう！一人十回ずつブランコを漕いだら、次の人と交替しようね。」――子どもたちはそこで初めて学ぶ。「ブランコに乗る」という自分の目的を果たす(果たせる)方法として、①並ぶ　②二列に並べば少しでも早く乗れる　③みんな公平に、本当に間違いなく十回ずつで交替しているか、自分も一緒に、声をあげて数えよう。④みんなと一緒に数えているうちに、「い～ち、に～い、さ～あん、し～い、～」と、友達がブランコを漕いでいるテンポに合わせて、皆で一緒に声を出して数えあっていることそのものが楽しい。(新たな〝遊び〟の実感)

①②③④と順に体験してみて初めて、幼児は、「並ぶ」ということの具体的な動作とその意味、また、それに付随する多くの、様ざまなことを学んで、その後も、自分にとっての必然性を感じたときはいつでも、自主的に、自発的に、「並ぶ」ということを自ら実践するようになる。

幼児にとっては、「並ぶ」ということが、その次の段階でどのようなことに繋がるのかという具体的イメージを持てたとき初めて、自分の意思で「並ぶ」ことに向かえるのであって、何のために並ぶのか、その目的も知らされず、また、並んだあとのイメージがないまま、(時には不安が伴うマイナスのイメージを持ったまま) 並ばされたとしたら、その子どもにとって「並ぶ」という行為は、一体何なのだろう。

毎年、春になると、私にとって気になる場面を多く目にする。幼稚園の入園式では、「並ぶ」ということをまだ知らない、体験したことのない子どもたちが、「記念撮影」という名の大人の都合に合わせて、こともあろうに「ひな壇」に並ばされる。その子の性格によっては、初めての体験に対する緊張のみならず、未知なる体験への不安で当然泣き出したり、泣きわめく子どももいる。親子で一緒に並んでいるにもかかわらず、親は、自分が少しでも写真うつりが良いように、と、髪を気にしたり、衿元を直したり、要は、大人だから体験して知っている、撮影後の、焼き増しされた「記念写真」というイメージに合わせて、自分の写真うつりだけを気にして自分は並んでいる。だが、泣いている子どもは、今、不安なのだ。その子の手をしっかり握ってやるとか、肩を抱いてやるとか、自分もその子の目の高さにしゃがんで背中に手を回すとか、その子が、母親と共に並ぶことを実感させたり、少しでもその子の不安を取り除いてやるための手だてはいくらでもあるというのに、最近の母親は、自分が主役であるかのように着飾っていて、しかも、我が子の手を握ることや肩を抱くことすら思いつかず、子どもが泣いていても、前方にあるカメラのレンズの方が気になっているというあり様に、私は、やるせない思いをしている。並ばされている子どもたちにとって、しかも泣くことでしか自分を表現できない幼い子どもたちにとっては、これほど不条理なことはないのではないかと思う。

子ども一人ひとりを育てるということは、とても時間のかかる、ある意味では面倒なことかも知れない。だが、「育てる」というのは「時間をかける」ということなのだと私は解釈している。育てることを育むとも言うが、元々「羽含（はくく）む」——親鳥がその羽で雛をおおい包む意——ことには時間をかけなければならないのだということを、鳥でも本能的に知っている。人間は、どうも傲慢で、大人になると子どもたちを自分（大人）の思いどおりにしようとし、そうならないことに苛立つ人が多い。苛立つまでもなく、当然のように自分の思いどおりに動かしてしまう人が多すぎる。

またまた「並ぶ」ことにこだわるようだが、たとえば、クラス単位で場所を移動したり、隊形を変えたりするとき、私自身は必ず、子どもたちに、「今から〜します」とか、「今からみんなで一つの大きなマル（円）をつくります」等、次のイメージを先に伝えることにしている。そして、たとえば「円」をつくろうとするときは、「今から○○組さんで一つの大きなマル（円）をつくるよ。どうしたらいいかなァ？」と問いかけることにしている。そうして少し時間をかけるだけで、子どもたちの中から、「みんなで手をつないで広がったらいい！」というような発想がちゃんと生まれてくるのだ。

子どもたちに問いかけ、ほんの少し時間をかけて「待つ」だけで、自分で考え、自分で意識・認識し、意欲を持って、自発的に、自主的に、動き、「並ぶ」ことができるのに、幼稚園でも多くの担任が、「先生のうしろをついてくるのよ」と言って子どもたちについてこさせ（子どもたちは動かされ、並ばされて）形のみ「でき上がり」といった場面を見るたびに、私はがっかりしてしまう。そのうえ並び方にでこぼこがあったり間隔が一定でなかったりすると、先生が、その子の肩や背中を手で押したり、腕を引っぱってきれいに並べたりしているのを見ると情なくなってしまう。

「ねえ、きれいなマルになってる？　自分だけとび出していない？」「自分だけお友だちと離れすぎたり、くっつきすぎたりしていないか自分でよく見てごらん！　離れすぎの人、どうしたらいい？　くっつきすぎの人、どうしたらいい？」というふうに、どうして言葉でうながすことをしないのだろう？

先生の言葉を自分で聞き、自分で比べたり考えたりして判断し、意識を持って自分で動いてこそ、初めてその子は、自分で「並ぶ」ことができたと言える。そしてきれいに並んだときいつも楽しいことができるという体験を繰り返せば、子どもたちは常に、自分から、早くきれいに並ぼうとするようになる。

何のためにという目的やイメージを理解させ、自分で考え意識することを促す言葉がけをし続けることで、必然的に子どもたちは育つのだ。いつも少し「待つ」ことさえすれば。子どもだって人間なのだから、「物」や商品のように、大人が大人の手で「並べる」ことはやめよう。

子どもが、自分の意識と自分の判断で、自分の意思で、次の目的のために、自分で「並ぶ」――そういう保育・教育でありたいといつも思う。子どもというものを、見くびりさえしなければ、それは充分可能なことである。

（二〇〇七年四月号より）

音楽の底力

世の中にはいろんな音楽が存在する。

歌一つとっても、演歌・民謡・ポップス・クラシック・ジャズ・童謡・唱歌、等々、ジャンルは様ざま。また、演奏の形態となると、独唱、重唱、合唱、そして楽器の種類の数だけその音色の独奏や、それらが組み合わされたアンサンブル、オーケストラ等様ざまで、雅楽、民族音楽、日本の伝統音楽等、挙げればきりがないほどの「音楽」がある。

それらを歌ったり演奏したりする人のほとんどが一様に言う。「心をこめて歌わなければ」「心をこめて演奏しなければ」と。その道のプロでも、いわゆる「素人」でも、私たちはよく、「心をこめて」という言葉を使う。この「心をこめて」という言葉を、幼い子どもに説明するのはとても難しい。「心をこめて」というありふれた言葉は、音楽においいては私は、〝誰かのために歌う〟〝誰かのために演奏する〟ということではないかと思っているし、実際、子どもたちにはそのように教えている。そういう意味では、世の中で一番心のこもった音楽とは、赤ちゃんを安心させたり眠りに誘ったりする「お母さん」の歌う「子守唄」かも知れないとも思う。

音楽は自己満足であってはならない。

これは、私の、音楽人としてのポリシーである。舞台で演奏することを仕事としている「演奏家」も、また私のように、専門の大学でそういう演奏家や指導者を育てたりする「音楽教育家」と呼ばれる人間も含めて、音楽というものを自己満足にしてしまうようなことがあっては誰も心から共感したり感動したりはしないと思う。誰かを慰め、励まし、聴く者の魂を幸福にするものでなければ――。

昨秋、私は、ある高齢者ケアハウスの十五周年記念のセレモニーにおけるサロン・コンサートの企画・構成と司会進行役を頼まれた。

私が教えている音楽大学のピアノ科の学生一人と、器楽科の卒業生二人（フルーティストとヴァイオリニスト）が一緒に参加してくれた。彼女たち三人のためにコンサートのプログラムを組むとき私は、そのケアハウスに入所している人たちの年齢を考えて、やはり共通の音楽は、唱歌や「ラジオ歌謡」だなと思った。「ふるさと」「朧月夜」「海」「村まつり」「赤とんぼ」「埴生の宿」「椰子の実」「りんご追分け」を入れてみた。「村まつり」や「りんご追分け」など、日本の笛や尺八を想起させる楽器はやはりフルートであろうと思うし、「椰子の実」や「赤とんぼ」のような抒情性には、やはりヴァイオリンの音色が似合うだろうと考え、「朧月夜」と「海」をピアノ・ヴァージョンにした。

この若い演奏家たちにとっては、これまで、バッハやモーツァルトに代表されるようなクラシックの名曲をたくさん演奏しヨーロッパへ留学までしていても、「椰子の実」や「りんご追分け」など「聴いたことがある」もしくは「全く知らない」という曲種である。まして このホームに入っている年代の人たち、人生の先輩たちが、戦前・戦中・戦後、と、それぞれの時代をどのようにして生きて来られたのか、そしてその時代、その状況の中で、どのような音楽がその人たちの人生を支え励まし、生きて行く力に繋がったのか、私は、今、音楽を専門に学び、演奏活動を始めたばかりの若い人たちにこのコンサートを通じて伝えたかった。

自分たちにとってどんなに価値のあるクラシックの難曲をバリバリ弾きこなしたとしても、それらは決してこのホームに入所している人たちの人生を支えてきた音楽ではないということや、逆に、簡単な唱歌や戦後間もなくラジオ歌謡として人々の耳に馴染んだちょっとしたメロディーが、音楽そのものだけでなく、自分の生いたちや、苦労して一生懸命生きてきた自分の過去、自分の人生をいとしむ心にまで繋がったり、あえて言えば今の自分のアイデンティティにまで繋がることもあるということを、私は、音大の学生や卒業して演奏活動を始めたばかりの若い人たちに、知ってほしかったのだ。

当日、彼女たちは、本当に心をこめて、つまりそのホームの入所者の人たちのために、本当にいい演奏をしてくれた。それはホームの入所者、つまり高齢者の方がたが、どの曲のときにも、どんなに「いい顔」をして聴いて下さっていたかということで私には、はっきりと判断できた。また、私自身は、ボランティアで何度も、特別養護老人ホームや老健施設を訪問しているので予想ができたことだが、その日も、それが、ピアノであれ、フルートであれ、ヴァイオリンであれ、どの楽器の独奏のときでも、高齢者の方たちは、本当にどの曲も、ごく自然に首を上下にふりながら、ハミングや歌詞をつけてまで歌っておられたという事実――。「ふるさと」のときなど、私がマイクで「みなさんご一緒にお歌い下さい」と言うとその歌声はいっそう大きくなり、私が、すぐそばの老婦人にマイクを向けると、顔をそむけることも照れることもなく、明瞭な発音で、他の人たちと一緒にしっかりと歌っておられた。「ああ、この人たちの世代はまだ、皆で共に歌える歌を持っているのだ」と思い、うれしくなった。マイクを前にしても最後までにこにこしながら歌ってお られたその方に、終わってから年齢を訊ねると、「九十六才ですの」と、やっぱりにこに こしながら答えて下さって、私は、訳のわからない、熱い思いがこみあげてきた。決して上手という種類のものではないが、事実、私は、その方の「歌」に感動したのだと思う。

それだけでも私には大きな感動だったが、ドラマはそのあと、そのあとでもっと感動的な場面に出会ったのだった。

実はその日、音大生や音大の卒業生だけでなく、私は、半身不随のもう一人の生徒も一緒に連れていき、参加させていた。中学三年生の彼は、小さい頃に脳の手術を受けていて、右手、右足は不自由なのだが、私のところへピアノのレッスンに通っていて、左手だけで両手分のピアノを弾くという大変な努力を要する習い方をしている。彼は音楽大学をめざしていて、また、二〇〇九年にカナダで開催される「ピアノ・パラリンピック」(現「国際障害者ピアノ・フェスティバル」)に出場するためにがんばっている。たまたま十二月に、ニューヨークのカーネギー・ホールで行われる「ピアノ・パラリンピック」のデモンストレーションのコンサートに出演させてもらう機会に恵まれ、その直前でもあったので、場馴れすることや、「片手でもこんなにがんばっている少年がいる」と知ってもらうこと、同じように半身不随になられた高齢の人たちの励みになればいいなと思って連れて行ったのだった。

彼がリビツキというポーランドの作曲家の左手のための「ポロネーズ」を弾き終えたとき、その場にいたすべての人たちから大拍手をもらったので、私は少しだけ「ピアノ・パラリンピック」の話をした。そのあと懇親会があり、入所者とその家族、そして私たちも一緒に食事をさせていただいたのだが、その前後、マイクで「ふるさと」を歌った九十六歳の老婦人が、左手だけでピアノを弾いた彼のそばへ杖をつきながら来られ、こう言って下さった。「あなた、ピアノ・パラリンピックに出られるようにがんばってね、応援してるから！」——続いて何人もの人が同様に言葉をかけて下さった。

みんな高齢者と呼ばれる社会的弱者ばかり。日頃若い人たちから励ましてもらう立場の人たちが、初めて出会った左手だけのピアノ少年を激励。立場の逆転——これも音楽の底力だと思った。

（ＮＨＫラジオ深夜便「ないとエッセイ」二〇〇九年十月十六日放送分をリライト）

「名前」

『犬洗い、一匹、百円』――あれは小説家、野坂昭如だったと思うが、忘れるほど昔、テレビのコマーシャルで、大きなタライにブルドッグのような犬が一匹浸かっていて、炎天下、タンクトップ姿の彼が、その犬をゴシゴシと洗っているシーンがあった。何のCMだったのかさえすっかり忘れてしまったが、そのシーンだけ妙に生なましく記憶している。今ならさしずめ、犬のシャンプーやトリミングなど、それをなりわいとしているショップがたくさんあるので、今どき、アルバイトを雇ってまで「犬洗い」を頼む人は少ないのではないかと思うが、私はそのとき、「小説家ってやっぱりどの人も、売れるようになるまで生活は大変だったんだろうなぁ、犬洗いが一匹、百円かぁ……これって何年前のバイト料だったんだろう？」と、レトロな雰囲気のそのCMを見ながら想っていた。そして同時に、自分の学生時代に流行っていた学内バイト？のことなども、多分、語呂合わせのようにリズミカルに口をついて出てきたことが今も、そのＣＭの記憶と重なっている。

「犬洗い、一匹、百円。ダイヘン、一回、百円」——と。

ダイヘンというのは「代理の返事」のことである。私自身は誰かに頼んだことも、誰かから頼まれたことも一度もないが、大学時代、私の周辺に、時折そういう人がいた。大勢の学生が、一同に講義を受けることになっていた授業では、先生が出欠をとるのに名簿の順に学生の名前を呼ぶ。定められた回数の授業を受けていなかったら、卒業のための「単位」が与えられない、という条件を提示している教授や講師もいるわけで、試験はもちろん自分自身が受けるけれども、日頃その授業に興味がなかったり、「単位」が危うくなるほど欠席、遅刻が続いていたりすると、何とか「出席」を装わなければ、その人たちは、その科目の「単位」を落として「卒業」できなくなってしまうというところから、一回、百円で（バレたときのリスク込み？）友人にアルバイト料を支払って「ダイヘン」してもらっていたということなのだろう。（ちなみにその頃、学生食堂のカレーライスは八十円だった！）

今、思うと、何ということをしている人がいたのだろう。自分ではない誰かの名前が呼ばれて「はい！」と別の人が大きな声で返事をする、確かに、その授業に出席しているか否かは、学生にとって大切なことなのかも知れない。だが、その人間が、そこにいるか否かということよりもっと大切なこと、――「それは私です」、「その名前の人間は僕です」という表明のほうが大切なことなのではないのだろうか。

　幼稚園で、歌唱指導を始める前に、私は必ず各クラスすべての子どもの「名前」を呼ぶことにしている。「手をあげて」「呼んだ人の目を見て」「ハイ！と大きな声で」そう返事をするように教え、この三つの要素のうち一つでも欠けていたら、必ず、欠けている要素を指摘し、繰り返し「名前」を呼ぶことにしている。若い担任の先生の中には、そんなこだわりを持つ私のことを、「何としつこい園長先生――」と思っている人がいるかも知れない。しかも、何クラスか合同で行なう歌唱指導のときは、毎回、クラス順、男女順、名簿の個人名順等を変えて呼ぶことにしている。いつも同じ順序で「名前」を呼ぶということは、惰性に繋がり、集中して人の話を聴くという能力が育たない。自分のクラスの一番初めの子の名前が呼ばれる頃までボーッとしていたり、自分は○○ちゃんの次にしか呼ばれないという思い込みがあるために、相手の発音をきちんと確かめなかったりする、そういう過ごし方（＝生き方）は良くないと思うから――。

あるとき、別の子の名前を呼んでいるのに、退屈していたある子どもが、ふざけて、大きな声で、手をあげて返事をした。

「あなたの名前じゃないでしょ!先生はその人がここにいるかどうか調べているのではないのよ!先生が呼んだその名前の人間はボクです、私です、と、先生やお友達に知ってもらうために一人ひとりお名前を呼んでいるのよ!違う名前のときに返事なんかして、その人の身代わりに誘拐されることだってあるかも知れないのよ!そして、病院で、次は自分の番だと思い込み、確かめずに、自分のつもりではいと返事してしまったために、間違った注射をされてしまったり、検査の結果が違ってしまったために死んでしまうようなことだって起こるかも知れないのよ!ふざけて人の名前のときに返事をするなんて、先生は絶対絶対、許しません!」

私のあまりの勢いにびっくりしてその子は泣いた。でも泣かなければならないほど大切なことなのだと、私は、その子にも、また他の子にも、教え、知らせたかったのである。

親にしかできない我が子への最高のプレゼント――「名前」。

命名することが最高のプレゼントなのではない。生まれて十四日以内に命名され届け出されたその「名前」を、親や周りの人間が、その赤ん坊に向かって何度も呼ぶ。耳が聞こえないうちから、目が見えないうちから、人の言葉などまだまだ理解できないうちから、上を向いて寝ているだけの自分に向かって、親や、家族の者が何度も何度も声をかける、その声がけの発音がその子の名前であり、この世のすべての、何ごとも知らなかったその子が、何回も、何日も、何ヵ月も何年も、その「名前」を呼ばれ続けることによって、自分は○○と認識し、その人間になっていく。あえて言うなれば、究極のアイデンティティではないか、「名前」というものは。

命名することそのものではなく、その「名前」を「呼び続けること」により、この世に、その子の存在を知らしめ、その子自身にも自己存在を認識化させていくというその行為こそが、我が子への最高のプレゼントだと思うのである。

いつかこの通信にも書いたことがあるが、二年前の五月、生れたばかりの四匹の仔猫を連れて、キジトラ模様の母猫が我が家のベランダに棲みついた。大騒動の毎日が半年続いたが、仔猫たちはすべて貰われて行き、病気だった一匹は我が家の一員となり、サムと名付けられた。生後二〜三週間目からずっと、抱かれて薬を飲まされるたびに、「サム」「サム君」「サムちゃん」と呼ばれ続け、彼は早くから、自分の名前を知り、寝ていても名前を呼ばれたら起きて振り返ったり、遠くから呼ばれても「ニャアー」とすぐに返事をするようになり、今もそうして一緒に暮らしている。

ところが母猫は「野良」生活が長く、人間の言葉や「名前」というものの存在すら知らないまま、最近まで、その日その日、生きながらえるための「食べること」に必死で生きてきたと思う。「自由」であることと引き換えに、食べる苦労はきっと大きかったはず——。

そんな母猫に、毎朝毎晩、ベランダでエサをやりながら、初めは私の舌ならしの音を聞きつけてやってきていた母猫が、うちのサムの母親なので、「マミィ！」「マミィちゃん！」と、初めは遠くから大きな声で、そして少しずつ少しずつ、馴れるのを待って食べているそばに近づき、囁くように呼び続けてきたら、何とその子は自分を「マミィ」と認識し、「名前」を呼ぶと、どこかから現れ、最近では自分から私に甘えて抱かれにくるようになった。何とかわいい顔。

——二年かかった。毎朝毎晩、名前を呼び続けて。「名前」があるということは尊いことなのだと思った。この地球上で、その存在が自他ともに認知されるということであり、そして、他者との絆が成立するということなのだから。

野良猫でもたった二年で、ここまでの関係。まして言葉を持つ人間の子どもたちには、そう、希望、希望。


（二〇〇八年五月号より）

モディリアーニのまなざし

若い頃に、どんな人と出会うか、どんなものに出会うかということは、とても大切なことだと思う。若ければ若いほど、幼ければ幼いほど、知識や理解や理屈、いわゆる「教養」としてではなく、そのものの持つ「本質」を「直感」で捉えることができるから。

中学時代、それまで小学校の時間割では「図工」と呼ばれていた授業が「美術」という名に代わって、特に二年生で美術史が加わり、美術専任の先生に、授業で、いろんな画家のいろんな絵を見せてもらったときのときめきを、私は今も忘れてはいない。今思えば当然それらはレプリカではあるが、急に美術の授業が楽しくなったことをはっきり憶えている。

レオナルド・ダ・ヴィンチ、ベラスケス、レンブラント、ゴヤ、ターナー、ドラクロア、コロー、ミレー、クールベ、ピサロ、マネ、ドガ、セザンヌ、モネ、ルノアール、ルソー、ゴーギャン、ゴッホ、アンソール、ムンク、ロートレック、カンディンスキー、マティス、ルオー、クレー、ピカソ、ユトリロ、モディリアーニ、シャガール、キリコ、ミロ、マグリット、ダリ、ざっと挙げてもこれだけの名前と、それぞれの画家の作品まで、今でも克明に、また、その印象まで憶えている。今から五十年近く前のことだから、さすがにクリムトやエゴン・シーレの作品等は学校では見せて貰ってないが、十九世紀の諸派のさまざまな作品が心に残り、絵が好きになり、京都・大阪の美術館や、百貨店等で開催される各新聞社主催の美術展は、高校時代から欠かさず観に行くようになった。レプリカではあっても、中学時代、思春期と呼ばれる多感な時代に、いろんな絵をたくさん見せてもらったことは、本当に私達の世代にとって、少なくとも私にとって、大きな幸いだったと思う。おそらく、その年令だったからこそ、「直感」的に、自分の中にある何かと響き合ったのかも知れないと、今、思う。

中学の美術の授業の中で毎週見せてもらった多くの様ざまな作品の中でも、私にとって最も印象に残った絵は、クールベの「石割り」とモディリアーニの「ジャンヌ・エビュテルヌの肖像」「セーラー衿の服の若い女」「子どもを抱くジプシー」「青い服を着た少年」「おさげ髪の少女」だった。結婚して何年か経ち、今では考えられないほど自由な時間を持っていたとき、中学校で美術を習ったその先生が京都から私の家の近くへ引越して来られたのをチャンスと思い、私は毎週、「自由美術」のその先生のアトリエへ絵を習いに通った。何年も通っているうち、いろんな話をする中で、「私が、先生の授業中に出会って最も印象に残った作品は、クールべの〝石割り〟とモディリアーニの全部でした」と言うと、その先生は、「随分おませな中学生だったんやね」と笑いながら、「でも、クールべの絵の中の石工の姿やその背中に、重労働のきびしさやその人の人生まで感じ取れる中学生もいるということは、やっぱり鑑賞教育の大きな希望だと思うわ。やっぱり若いうちに良い作品に出会わせておくことは大事なことやね」と言われた。

そういえば、ミレーのような牧歌的風景画やセザンヌ、モネのような色彩の美しい風景画、また、当時クラシック・バレエを習っていた自分にとってドガの作品に興味を持たないはずのなかった私が、なぜ、美しい絵ではないクールべやモディリアーニに惹かれたのか、今、私は、少しだけ解かりかけている。

確かに彼らの絵は、壁にかけて楽しい、「美しい絵」ではない。だが共通して言えるのは、それぞれの作品に、画家としての、つまり芸術をなりわいとする人間としての、「まなざし」のようなものが感じられること、そしてその「まなざし」は、何の予備知識もなかった十三歳の私にも感じられたということである。実は、五十年近く経った今も、私にとって一番好きな絵はモディリアーニの絵なのである。ヨーロッパでは十数ヵ所の美術館で、国内でも百数十回のいろんな美術展を観てきたが、やはり一番好きな画家がモディリアーニであることは今も変わらない。

モディリアーニの描く人物は誰も笑っていない。心地良さそうな風が吹いてきたり美しい日の光が差してくるような窓もなく、うす汚れた壁を背に、固そうな椅子に腰かけている。モデルの女性はすべて、ルノアールが描いたような色白の豊満な肉体ではなく、そこには、ゴージャスなソファーも調度品も、美しいレースのカーテンも、一輪の花さえない。少年も少女も女性も、後に夫人となったジャンヌでさえ、疲れたような顔で無表情に座っている。それでいて、こちらが「どうかなさったの？」と訊ねても、「いえ、べつに」という返事しか返ってきそうにない、そんな表情をしているのだ。ローマ出身のユダヤ人夫婦の第四子として、一家が破産した年に生まれたモディリアーニが、苦学して絵を学び、二十二歳でパリに出てからも、作品が認められるチャンスもなく、極貧の中で、描きたい絵（人物）を描くためのモデルを雇うことなどできるはずもなく、すべてのモデルは彼にとっての身近な友人・知人に違いないが、だからこそ彼の描いた絵は、同世代、人生や生活の貧しさを共にする、パリの片隅に黙々と淡々と生きている人たちを愛する、彼の優しいまなざしに満ちている。どこかの国から、当時最も自由な都とされていたパリにやってきて、名もなく貧しく黙々と生きていた人たち――根無し草のジプシーや画学生、貧しさの中を一生懸命生きている人たちに対する愛と情、――そんな優しいまなざしを、かつて十三歳だった私でさえ「直感」的に感じ取ったのだと思う。当時、自分の部屋の机の横の壁に、銀行から貰ったカレンダーの中のモディリアーニの絵を切り取り、今の家に引越すまで何年間も貼っていたことを思い出す。

九月、大阪国際美術館で久しぶりにモディリアーニ展を観た。珍しいことにデッサンや初めての作品も多くあったが、知っている絵もすべて新鮮で、なつかしい人たちに出会ったような気がした。「孤高の異邦人」というサブ・タイトルのついた書籍が置いてあり、他国からパリに来て、貧しさの中、若くして同じく結核で他界し、後世にすばらしい作品を遺してくれたショパンと全く同じではないかとふと思った。違うのは、モディリアーニの病死の翌日、妻ジャンヌが、二人目の子どもを身ごもったまま愛する夫を慕って、六階の窓から飛び降り自殺したことと、また、妻と同名の遺児、長女ジャンヌが父の祖国イタリアで育てられ、後にモディリアーニのことを克明に調べて研究書を出版したことである。妻も子もなくその人生が謎だらけのショパンとの、大きな違いだと思った。同じ「孤高の異邦人」でも。

三十数年間、音楽の仕事を続けてきて、障がいを持った子どもたちや高齢者、社会的弱者の方にばかり目が行ってしまう今の自分の視線に通ずるものが、四十七〜八年前、十三歳のときの私の中にもあったのだろうか？それで、モディリアーニのまなざしを直感的に感じることができたのだろうか？などと、ふとそんなことを思いながら美術館を後にしたのだった。

（二〇〇八年十一月号より）

必然の出会い

今年の希望コンサート「みんなの音楽」のプログラムに、大阪水上隣保館（遥学園）の子どもたちの歌と合奏が入っていた。大阪水上隣保館というのは、一九三一年に大阪湾の水上生活者や港湾労働者の子どもたちの健全な養育を目的として創設された児童養護施設だが、大阪大空襲で全焼した後、一九五二年に現在の大阪府に隣接した京都府・山崎へ移転した。創設者（中村遥氏）にちなんで「遥学園」と名付けられた施設では、六歳から十八歳までの子どもたちが生活を共にしている。

もとは水上生活者の子弟のための施設だったが現在では、一般の、そして、死別より両親の離婚に伴いどちらにも引き取られなかった子どもたちをはじめ何らかの理由で両親とも養育が困難もしくは不可能という状況にある子どもたちが多いと聞いている。しかも、

「里親」にも恵まれなかった子どもたちである。それぞれに事情はあると思うが、子どもの側からすれば、「親」の愛を知らないが故に、「おとな」を信用していない、「人間」を信頼していない、そんな子どもたちがほとんどで、地域の小・中学校でも、その子たちの荒れように心を痛めている教師も多い。

さて、その遥学園の指導員、昔流に言うと「寮母」のような仕事をしている女性の一人が、実は、大学時代、「ピアノ教授法」という私の授業を選択していたピアノ科の学生だったことを知って驚いた。それまで私は、彼女が、卒業後どこかで「ピアノの先生」でもしているのだろうと思い込んでいた。今回、縁あって再会し、私が主催している「みんなの音楽」のコンサートに遥学園の子どもたち二十数名を連れて参加してくれることになり、私にとってはとても幸福な再会で、嬉しいことが二つもあった。

一つは、彼女が、大学卒業後、おそらくは想像にあまりあるほどの大変さを抱えた「児童養護施設」で八年間も仕事をし続けているという事実。そしてもう一つは、ピアノを弾くということからは離れても、そんな施設だからこそ、その中で、「音楽クラブ」を作って、親の愛やぬくもりを知らずにそこに入れられ、淋しさや不安や孤独を抱えて寝食のみを共にするという生活を強いられている子どもたちが、せめて好きな音楽を一緒に演奏したり歌ったりするときだけでも、楽しいひとときを持てたり、素直になれたり開放されたりするように、と、自分が長年勉強してきたことを生かして、「音楽」に希いを持ち、子どもたちの心を開き心をつなぐ役割りを果たそうと努力し続けているということ。この二つのことを知って私は、彼女との再会を本当に幸福に思った。

「みんなの音楽」はサポーター会のおかげで無料のコンサートであるうえ、どのような人でも入場できるという主旨のコンサートである。それを知って、最初、彼女は、遥学園の音楽クラブの子どもたちを、聴きに連れて行きたいと思っていたのだという。だが私は、ぜひとも出演してほしいと彼女に告げた。彼女は、「そんなところで演奏できるようなレヴェルではありません。」と言ったが、私は、「下手でも何でも、このコンサートの舞台に出るために皆で力を合わせること、一緒に頑張ることが、きっとその子たちをいい方向に変えていくと思うよ、逆に言えば、その子たちのためにこのコンサートを利用してほしい」と答えたのだった。また、そういう考えのもとに取り組んだ音楽は、きっと、上手・下手を超えて、聴く者の耳や心に、何らかのインパクトを与えると私は信じていた。

出演が決まってひと月後、練習のアドヴァイスをしに行った。練習の間も、5分もまっすぐ立っていられない子どもたちが何人もいた。それでもパートごとに具体的な指導をし、何度か繰り返すと、おそらくその子たち自身が気づくほど全体の流れやバランス、音色まで良くなり上達した。一時間ほどして練習が終わったとき、笑顔の子が増えていて、初対面の私にも口ぐちに話しかけてきた。中には、私の気を惹こうとして、通りがかりにわざと私の前で転んでみたり、私の服の裾をひっぱったり、脇腹をくすぐりに来たり、と、自分の方を見てほしい、自分の存在を知ってほしい、という自己アピールを繰り返す子が何人もいた。そんなストレートな表現がいじらしくて、いとしくて、私は何度も涙が出そうになり、一緒にふざけるふりをして思わず抱きしめてしまった。

コンサート当日、六百の客席に向かって舞台に立ち、リハーサルをしたとき、子どもたちが極度に緊張しているさまは想像以上だった。本番も同じように緊張していて、練習のときのほうがずっとのびやかで楽しく、本番は不出来だったと思うが、私はそれでも良いと思った。緊張するくらい集中して皆で一生懸命やった――それだけで充分ではないか。いつもダラダラしていて5分もじっと立っていられない、そんな子どもたちが力を合わせて最後まで集中していたのだ、それだけで充分――と。

『いとし子よ　今開く花のように　私を信じて瞳をあげる　いとし子よ　いつかその足

で立ち　私をふりかえり　そして出ていく
　この両手の重み　それは地球の重さ　この胸のぬくもり　抱きしめて　この両手の重み
それは地球の重さ　この胸のぬくもり　それは愛』
『母さんがあなたにあげたひとつの贈りもの　それは命　果てしない宇宙の中で　ただ一つだけの　あなたの命　母さんがあなたにあげたふたつ目の贈りもの　それはこころ　野に咲く小さな花を　いつくしみ愛する　人間の心　あなたの命が大切にされるように　あなたの心が大きく育つように　母さんたちが作るみっつ目の贈りもの　それは揺らぐことのない平和な世界　その小さな両手に　伝えたい　揺らぐことのない平和』
　コンサートの終りにゲスト出演で歌われた最初と最後の歌「いとし子よ」（小森香子作詞・原田義雄作曲）と「母さんたちの贈りもの」（鍛冶恭子作詞・原田義雄作曲）の歌詞である。「母」ばかりのメンバーで二十数年間、愛と平和をテーマに歌い続け数かずの賞歴を持つ女声合唱団「レガーテ」の方たちの何と美しく何と心のこもった歌だったことか――。
　この歌を聴きながら私は舞台袖で泣いてしまった。心のこもった美しい歌声への感動と共に、今、遥学園の子どもたちは、この歌をどんな思いで聴いているのだろうか――求めても求めても与えられずに生きて来なければならなかったこの子たちにとって「母」とは何だろう？「愛」とは何だろう？　――そう思うとたまらなく辛く、歌声が美しいほど、心がこもっているほど、その歌に涙があふれた。

　人生は皮肉だと思った。この日に、「子を思う」あまりに歌わざるを得ない、愛と平和の歌を歌い続ける女声合唱団と、お盆やお正月の休みにすら迎えにも来てくれない母しか知らない子どもたちが、同じこの場所で出会うということの不思議。

　でも私は信じたい。あの子たちが、自らの体験で思い知らされてきたかも知れない、理不尽な母のあり方だけでなく、世の中には、こんなかたちの母の思いもあるのだということを、歌を通して、たとえ一人でも知ってくれたかも知れない、と。なぜなら「レガーテ」のメンバーは「我が子」のために歌っているのではなく、世の中の「子どもたち」、いずれ父や母になるかも知れないすべての人たちのためにも歌っているのだと心の底から思える歌だったから。

　皮肉な出会いだったと人は思うかも知れない。だがそれは決して「偶然」ではなく、神が出会わせ給うた「必然」の出会いだったのだと今私は信じている。また、音楽が、偶然を必然に変える力の一つでもあると信じたい。それはまさに希望コンサート「みんなの音楽」の主旨そのものとも思う。

（二〇〇九年八月号より）

大切なこと・大切なもの

十月になり、今年もまた、来年のカレンダーや手帳が出まわってきた。世の中のテンポが速くなり、また、私の仕事関係では特に、翌年末までのスケジュール表が常に必要となるので、やはり毎年十月には、次の年の「手帳」を買う。

一時、システム手帳や電子手帳というものが流行したときがあったが、そんなときでも私は、今と同じ手帳で過ごしてきた。

今、「手帳」を売る店は殆んど大手書店。小さな文房具店では以前のようには扱わなくなっている。いわゆるケイタイが多機能になり、もとは電話機能だけだったものが、同じ通信機器としての「メール」のみならず、ラジオやテレビ、時計やカメラ、はたまた辞書や、パソコンのインター・ネットと同じだけの検索機能を持ち、カレンダーやスケジュール管理までの機能を兼ね備えているのだから、当然、電子手帳もシステム手帳も、ましてや普通の、「手書き」用の手帳など、不要なものとされる時代になってきたのかも知れない。

それでも私は、一冊六百円（プラス消費税）の手帳をまだ使っている。今年も十月一日からもう来年度用の手帳を使っている。一ヵ月分が見開きで、カレンダー式のスケジュール表、それが12ページと、少しの余白ページ、取りはずしのできる住所録、――私の場合、それだけでこと足りる。縦16センチ。横9センチ。厚さ3ミリ。

私の一年は、それに要約できる。人生、余分なものは持たないほうが良いと思っている。そんな薄い手帳でも、ビニール・カバーの内ポケットには、その月のコンサート・チケットや、病院の診察券、縮小五線ノートや、汗で剥がれたときのホクナリン・テープ（喘息用の、胸に貼る気管支拡張剤）など、私にとって必要なものはすべて、ちゃんと挟まっている。小さなバッグやポシェットにも入る、薄くて軽い手帳。もう二十数年来、この、同じ手帳を使っている。充電忘れの心配もなく、自分の文字で書き記したものが、一生残る「手帳」。

ソクラテスは、文字そのものの存在にも反対だったそうである。文字を書くことで、記憶力や人間の機能が退化して行くと考えて、文字を用いなかったということが、弟子のプラトンの「対話篇」という哲学書に文字で残されているというのが、何とも皮肉な話だが。

今、若い人の多くは、手帳代わりにケイタイを使っている。友達とどこかで会う約束をしても、「じゃあ、近くまでいったらケイタイにかけるから」と、その程度の約束で済ませている。もしも、近づいた目的地で、うっかりバッテリー切れになっていたり、工事中で地下にもぐらなければならなかったり、地域的な思わぬ事情で圏外となっていたときなど、どうすればよいのだろう。曖昧な約束で人とお付き合いするということが、私には理解できない。それに遅れそうになったらケイタイに電話すれば良いというような安易さが、時間設定の甘さや、無理な約束や、人を待たせることに対する、「罪悪感のなさ」に繋がっていくとは、誰も気づかないのだろうか。

「何時に」「どこで」そして「こういう場合はこうしましょう」と、いろんなことを想定する能力、それに添って考え合う提案のための思考力、そのうえで約束する信頼感、それを守る「実行力」――そういったものは、人間にとって必要な大切なことではないのだろうか。

電車一本乗るにしても、乗る駅の、その時刻での、券売機やプラットホームや車両の混み具合で、予定の電車に乗れないこともある。そのためには一本早いめの電車に乗るだけの慎重さや、状況判断のための賢明さも、人生には必要かと思う。そのためのデータ収集は、ケイタイやパソコンなど、「機械」を利用すれば良いと思うが、人との関係において、最初から最後まで、「機械」に依存しっ放しというのはどうかなと思うのだ。

心臓ペース・メーカーを装着している人の命と安全を守るため、電源を切るように要請されている優先座席でさえ、殆んどの人がメール交換や何かをしていて、誰もケイタイの電源など切ってはいない。今や、人へのやさしさや思いやり、愛情というものを考えるとき、「愛」の反対は憎しみではなく、「無関心」ではないかと思わされてしまう。常に持ち歩き、しがみつき、常に自分からの一方通行だったり、自分だけの世界にひたりきっている人たちの何と多いこと——。まわりには必ず、いろんな「人」がいるというのに。

「ケータイ」が多機能になり、文明が発達すればするほど、人は、人としての能力や感性、人間性そのものまで、知らず知らずの内に失っていくように思える。

その点、「手帳」は人に迷惑をかけない。人の健康を害さない。条件によって使えないことはまずない。人と人との関係や信頼を、深めることはあっても、一方通行や自分勝手になることはない。毎年十月になって、新しい手帳を買うとき、その小さくて軽い一冊が、掌の上で、いつもそのことの重さを考えさせてくれる。

ところで、「手帳」とともに、「アナログ式の時計」も、だんだん身のまわりから姿が消えつつある。今、デパートやビルの壁面など、ほとんどがデジタル表示の時計。若い人の中には、ケイタイのデジタル表示で時間がわかるからと言って、腕時計を持たない人も増えてきた。腕時計を身につけていても、アナログではなく、デジタルのものを使っている人も多く目にする。子どもたちの腕時計までデジタルが主流になってきた。仕事で全国各地、いろんなホテルに宿泊するが、ベッド・サイドも、デジタル表示の時計が増えてきて、私はちょっと困っている。

デジタル表示の時計は、「今、何時何分か」という「時刻」を知るためには、瞬時に判かり易くて便利だろうけれど、「あと何分」という時間的観念は、計算して算出しなければ持てないのだ――。出張先のホテルで書きものをしていたり、起床アラームが鳴ったりしても、時計の針の角度で、次の行動パターンや行動テンポを決め、それが自分の生活や生き方に繋がっている私にとっては、時計がないのと同様の不便さなので、この数年、丸いフェイスの、携帯用アナログ式アラーム時計を持ち歩いている。

時間とは、時の流れではなかったか――。それは、２本の針の位置と、それで表される角度に象徴されていると思う。

人生は、パタッ、パタッと変わる「瞬間」の数字の羅列でもなければ、算出されるべきものでもなく、静かに流れる、移りゆく「時間」に真実があるのだと思う。

その「時の流れ」をどう意識し、どう生きるか、ということが、私は、人生だと思っている。

二十数年前まで、私の家には、本物の鳩時計があった。電池ではなく、先端の錘によって歯車にからめられた鎖が、ひと目ずつ下がって行き、二十四時間で２ｍほど下の床に届くようになる。つまり、その鎖の先についた錘を巻き上げなければ、その時計は、そこで止まってしまうのだ。それで、毎日、夜寝る前にその錘を巻き上げなければならず、そのつど、「ああ、また一日が終った――」と、実感し、錘が床に届きそうになる直前、いつも、自分の人生がこれで一日減ったことを実感していた。修理がきかなくなるくらいまで使い、修理できる職人さんが亡くなられてから我が家のリビングは、電池式のアナログ時計に変わった。

その本物の鳩時計を結婚祝いに贈ってくれた大学時代の友人に、私は今でも感謝している。結婚という、第二の人生の出発に際して、大切な「時間」というものを実感し、認識させてくれた、大切なものだったから。

毎年買い換える一冊六百円の手帳も、長年使っているアナログ時計も、私にとっては、大切なことを教えてくれる、本当に大切なものなのだ。

（ＮＨＫラジオ深夜便「ないとエッセー」二〇〇九年十月十六日放送分をリライト）

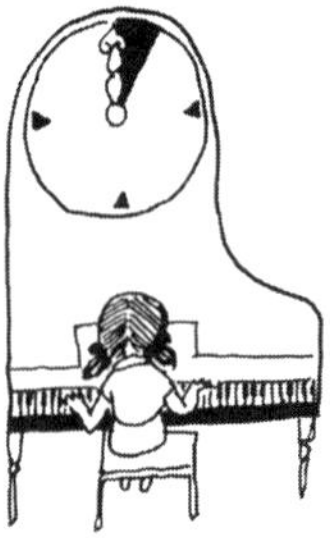

片手のピアノ

偶然かも知れないが、私の手には、左右5本ずつ、合わせて10本の指がある。人としては多数派に属するが、両手を持って生まれてきたこと、合わせて10本の指があることなど、これらは、決して自分の努力で得たことでもなければ、自分で選んだことでもなく、まさしく偶然そのような条件に生まれついただけで、手に関しては偶然多数派に生まれついたというだけのことだと思う。ところが、その手はとても小さくて、特に大学時代、ピアノの試験の課題曲やレッスンで与えられた曲のうち、必ず一曲の中で何カ所かは、かなりの工夫を施したり、他の人がしなくてすむような苦労もした。手というのは、ある程度、遺伝的な要素があるようで、掌の形、指の長さ、5本の各指の長さの比率、関節の特徴、等、本当に人それぞれだと思う。そしてまた、「手が小さい」とひとことで言っても、例えば、親指が特に短い、小指が極端に短い、各関節が拡がらない、掌が狭い、等々、本当に、人によって「手が小さい」ことの意味、つまり、「手の小ささ」の種類も千差万別である。世の中には、手が小さいからピアノなど弾けないと思っている人もいるが、指が片手にしかなくても、それをみじんも感じさせないすばらしい演奏をする人もいる。

私の教室では、生れつきの「障がい」で指そのものが片手だけにしかない人や、病気のために半身不随で片手しか使えない人、また、指が10本あっても変形や硬直でふつうには使えない人、など、さまざまな条件の人たちがレッスンに通ってきて、ピアノを学んでいる。

ある女性は、右手にしか指がなく、左手には、掌の先がない、いわゆる先天性の五指欠損ではあるが、たとえば今、いくつかの曲と共に、ショパンのプレリュード（op.28-4・7）を弾いている。楽譜を見る限り、常識では、「編曲もの」ではない、原曲のこれら2曲を、どうして譜面どおりに弾くことができるだろうと、不思議に思う人がいるかも知れない。だが彼女は私の指導で、左手の掌の一部と右手の五本指だけで原曲どおりの練習をしている。両腕を交差させ、部分的に必要な少しの工夫をすることにより、耳で聴けば、普通に弾いているピアニストと「音楽」は何ら変わらず、同じ「音楽」が聴こえる。昨年の秋、カナダで開催された「国際障害者ピアノ・フェスティバル」にも参加し、まさしく右手の

5本指と左手の掌だけで原曲どおりに弾き、審査員の方がたからそれぞれ「芸術賞」「努力賞」「独創賞」等の評価を頂いた。

私は、生徒に出会わせたい曲や、生徒自身が弾きたい曲を、どうしたら実際に弾けるか、つまりどうしたら演奏が可能になるか、という指導者の思いの深さは必ずや、「楽譜」を見るとき、読むときの、発想の転換や、読譜における視点の多角性を生み出すことに繋がると思っているし、また、事実そのとおりである。

自分自身が小さな手で苦労していた学生時代、様ざまな工夫を思いつき実践してきたことにより、そんな自分が実際にいろいろな生徒たちを教え始めたときにも、一人ひとりの手の特性、手の個性に合わせて個別に対応することができた。

それは、両手のない人が美しい花を見て、どうしてもこの花の美しさと、そのいのちへの感動を絵に描きたいと思えば、口に絵筆をくわえてキャンバスに向かったり足で描いたりすることと同じだと思う。また、どうしても我が子に手製のカレーライスを食べさせてやりたいと願う両手のない人が、足に包丁をはさんで、人参や玉葱を刻んだりしてカレーを煮込むことと同じである。

音楽は「音」によってのみ表現される芸術なのだから、片手がなくても、両手合わせて

2本しか指がなかったとしても、とにかく「こういう条件だからピアノが弾けない」のではなく、こういう条件でピアノを弾くにはどうすれば良いのか、どうしたら弾けるか、ということを一緒に考えていくのが、「指導者」と呼ばれる者の仕事ではないかと思っているのだ。

彼女のみならず、リウマチで硬直し固まってしまっているこぶしを精一杯拡げ工夫して弾いている人のバッハの曲も、このように両手を工夫し、左右交差して弾いている女性も、私にとっては、「弾きたい」思いが伝わるから「弾ける」ようにしてあげたい、その気持ちだけで、様ざまな工夫が生まれてくる。

これは人生と同じだと思う。人生における日々の生活と同じだと思う。

二十数年前に出版した「子どもの眼の高さで歌おう」という私の拙著の中に、次のような一節がある。私が三十四歳のときに、書いた文章である。音楽の道に進もうとしている生徒のために書いた章の抜粋なのだが――

『これは極端な例かも知れないが、〝ピアノの弾き方〟だけ習って「音楽」を深く学んでこなかった人間が、もし事故か病気で片腕を失くしてしまったりしたときは、一体どうして立ち直ることができるのだろう？その後の人生を幸福に満足して生きてゆけるのだろうか？

私はこの極端すぎるかも知れない例を、「その道」に進もうとしている生徒のすべてに問いかけることにしている。事故や病気など、予期せぬできごとは往々にして人生につきものだ。そんなとき、途中で片腕を失ってしまっても、自分がそれまで「音楽を学んできて良かった」と心から思い、音楽することで得てきた感性、しなやかで強い心、多くの生き方の工夫、等を、その後の自分の人生に生かせるような、そんな学び方を、私は自分のどの生徒にもしてほしいと心から思っている。』

ピアノというと、十本の指が鍵盤上を駆けめぐっている光景を思い浮かべる人が多いと思う。だが、生れ持った指の本数が十本なくても、また、人生の途上、自己や病気で片手を失ったり使えなくなったりしても、ピアノは、その人の中に求める「音楽」がある限り、工夫と努力でどのようにも楽しめ、そして、他者を楽しませたり、幸福にさせることまでできる。

人を慰め、励まし、希望や幸福感を与えてくれる音楽——片手なればこそ、なおさら、そのはずだと思う。

今、私は、自分の生徒のうちの誰かが、本当に音楽を愛し、心から愛し、それを心の糧として人生を歩んでいるという事実や、片手の身でも、ピアノを弾き続けているという事実を、何よりも誇りとして、私は私の役割りを果たしたい、と、今日も思い続けている。

社会において、人にはそれぞれの役割りがあるということを、認め合い、励まし合える世の中でありたいと思い続けている。

（ＮＨＫラジオ深夜便『ないとエッセー』二〇一〇年三月十二日放送分をリライト）

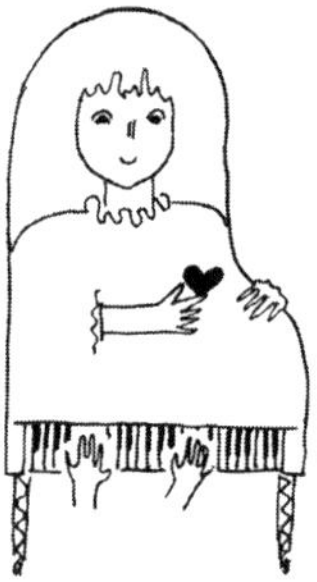

チンドン屋は出会わせ屋

チンドン屋というと、今や若い人たちには「それって何？」と言われそうだが、でも実は、毎年春に富山で開催される「全日本チンドンコンクール」には、今年も、プロ・アマ合わせて62組の参加、三日間のフェスティバルで、のべ人数三十万人の見物客が集まっての大賑わいという健在ぶり。チンドン屋というのは、もともと、どこかの店がオープンしたことを宣伝したり、商店街の大売出しを知らせたり、言わば〝歩く広告宣伝部隊〟だが、音楽あり、踊りあり、「情報」あり、ふれあいあり、また、立ち止まっては双方向のコミュニケーションまで築ける最高のメディアではないかと思う。私自身、二歳半のヨチヨチ歩きの年齢のとき、家の前を通りかかったチンドン屋の楽しい音につられてついて行き、迷子になってしまった体験がある。

昨年の秋、ある新聞に「チンドン屋ライヴ」の記事が載っていたので聴きに行ってみた。大阪の、有名な通天閣（とは言え、何と私自身は府内に住んでいながら行ったのは生まれて初めて！）のすぐそば、「新世界」（なぜこの名前？）と呼ばれる商店街の奥まったスペースに、仮設舞台のようなものがあった。その空間は、コーヒーやソフトクリーム、そしてさすが大阪、たこ焼の店などによって囲まれていた。

その日は、林幸治郎さんという有名なチンドン屋さんの、流暢な語り、鉦《かね》・太鼓、それから何とも不思議な雰囲気の年齢不詳の女性が、次つぎと、アコーディオンの伴奏で、シャンソンや演歌、童謡、戦後のラジオ歌謡などを歌ったりして、歌あり語りあり、舞踊あり、曲芸あり、それはそれは楽しいひとときだった。

そのチンドン屋ライヴには、チケットがあるわけではなく、また参加料が決まっているわけでもなく、募金箱のような小さな箱に、コインでも紙幣でも、各自が「志」を入れて帰るというシステムになっていた。私のあとに続いて千円札を折りたたんで入れたばかりの老婦人が、私に軽く会釈をされたので何気なく訊いてみた。「ここに、よくいらっしゃるんですか？」と。するとその人が答えた。

「へえへえ、しょっちゅうでっせ。毎日かも。ハハハ。私、独り暮しですねん。家に居てもつまらんし、かと言うて、あちこち行くには膝が痛うて。ここやったら、ちか場で結構楽しましてくれはりまっしゃろ?ちょうどよろしいねん、ふん。ま、ありがたい、ありがたい。そうそう、なあ。よっこらしょっと。」

そう言って椅子から立ち上がり、布袋を下げて杖をつき、足をひきずりながら帰って行かれる後姿を見て、思った。「ああ、この高齢化社会で、チンドン屋さんの果たす役割りが、ここにも一つあるのだ。何と素敵な仕事なのだろう――。」と。

しばらくして私は、そのチンドン屋さんに手紙を出した。私が主催している「みんなの音楽」というコンサートに、次回ぜひ出演してほしいという内容の手紙を――。

そしてその封筒の中に「ムジカ工房通信」のバックナンバー――いつか、渋谷の駅前で偶然出くわしたチンドン屋さんでアルトサックスを吹いていた青年の話(№49「胸にしまっておけないドラマ」)、過去のエッセイも同封して送った。

さて今年のお正月あけのこと――

千葉に住んでいる、あるピアノの先生から、深夜、私宛てに一枚のファックスが送信されてきた。私のことで何かを検索しているときに、知らない人のブログで見つけたという文章だった。“Newday”というグループの一人が初めてCDを出したという喜びの内容と共に、次のような文章が続いていた。

『ちんどん通信社という、チンドン業界で最も大きい会社の社長、林幸治郎さんから年賀状を頂いた。年賀状は封筒に入って届いた。

中には、北村智恵さんという人の書いたエッセイのコピーが同封されていた。そのエッセイには、その人が何十年ぶりかでチンドン屋を渋谷の町で見かけた出来事が書かれていた。そのチンドン屋の一人が、数年前の僕だった。

〝サックスを吹いているその青年は、どこかの音大生かも知れないと思った。音色等、少しムラがあり、特別うまくはなかったが、下手でもなく、音楽性のある演奏だった。朝から人をこんなにうきうきさせるなんて、何と上等の音楽、何と上等の演奏なのだろう〟

と書かれていた。

数年前の僕を描写した文章。

二十歳も過ぎてサックスを始め、音楽や人生にもがいていた僕は、音大生ではなかったが、音大生に憧れていた。でも僕が毎日吹く曲は、演歌、歌謡曲、そしてパチンコ台の曲だった。エッセイの中で僕が吹いていたのは、岡本敦郎さんの「朝はどこから」。あの頃、大好きで仕事のはじめによく吹いていた曲。演歌だって、童謡だって、アイドルポップスだって、演奏がうまくいき、その曲のすばらしさに気づいたとき、演奏しながら涙が出そうになることがある。この曲でもそんなことがあった気がする。

「ムラがあり、特別うまくはなかったが、下手でもなく、音楽性がある」これ以上の褒め言葉は僕にはないです。ありがとうございます。

生まれてきてよかった。』

――そう書いてあった。


何という偶然なのだろう。何年も前に、偶然、渋谷の駅前で、青信号になったとたん私の目の前を演奏しながら歩き出したチンドン屋さんに驚き、その中の一人の若者の演奏に何かを感じてエッセイを書いた私。数年後、新聞でチンドン屋ライヴのことを知り大阪ミナミの、ある場所へそれを聴きに行ってみて老婦人の言葉に感動し、チンドン屋の演奏に「文化」としての「音楽」の価値を再認識し、その人（大阪のチンドン屋さん）にコンサート出演の依頼の手紙を書いて自分のエッセイを同封した私。そのエッセイのコピーを、大阪から東京へ、「この中に書かれている若者とはおそらく彼のことだろう」と想像して年賀状と共に当人へ送られたという大阪のベテランのチンドン屋さん。それを受けとった東京の若いチンドン屋さんがそれを読んで嬉しかったこととしてブログに書かれた文章を、これまた他のことで検索中に偶然見つけて、私のところへファックスで知らせて下さった千葉のピアノの先生――。

本当に何という偶然なのだろう。

「チンドン屋」という職業を、一つのメディアと考え、ポリシーを持って自分の人生に選んだ人がいる。その人たちの生き方や、その演奏に、「文化」としての価値を見出し、「ムジカ工房通信」というちっぽけなちっぽけな私通信にエッセイを書いたり、コンサート出演を依頼した私という人間がいる。加えてそこに業界人同士のつながりを持つ人がいて、また、ネット上で偶然知り得た「情報」を、長年の人間関係から、自分のことのように喜んでパソコンを使用しない私のためにプリント・アウトして深夜ファックスで知らせてくれた人がいる。

世の中は本当にうまくできている。一人ひとりが、疲れたり、模索していたり、元気をなくしているときにでも、自分が誰かの役に立っていることを知り得て、自分の役割の中でがんばろうという元気が出てくる。

「生まれてきてよかった」――私のほうこそ今、そう思っている。

それにしても、「チンドン屋」は「出会わせ屋」かも知れない。

（NHKラジオ深夜便「ないとエッセー」二〇一〇年三月五日放送分リライト及び加筆。
二〇一〇年七月号より）

「歌う」ということ

『まっかだな　まっかだな　つたの葉っぱがまっかだな　もみじの葉っぱもまっかだな
沈む夕日に　てらされて　まっかなほっぺたの君と僕　まっかな秋にかこまれている』

ちょっと耳にすると「文部省唱歌」のような印象だが、この歌は、私がまだ中学生だったころ、NHKテレビ「たのしいうた」の番組でボニージャックス（男声四重唱グループ）の歌で放送され、少し後、「みんなのうた」で再放送されて広く普及することになった歌である。一般家庭のテレビがまだモノクロームの時代だったから、画面で、歌の背景となるイメージ映像が放映されていても、それが紅葉であれ夕焼雲であれ、彼岸花であれ、お宮の鳥居であれ、すべては白黒の濃淡でしか表されていなかったはずだが、それでも私たちは、その蔦の紅葉の、葉ごとに、もしくは一枚の葉の中の部分部分でさえ、微妙に異なる色合いの違いや、夕焼空のグラデーションまで感じて見ていた。それは「想像」して見ていたということに他ならないが、その「想像できる」という力は、やはり、もとのものを多種多様にたくさん知っているということ、心の中にたくさんの「引き出し」があったからだと思う。またそれは、身のまわりのあらゆることがすべて、きちっと言語化されていたこととも無縁ではないと思う。

「今日は寒いから、その臙脂《えんじ》色のレギンスをはいて行きなさい」「この牡丹《ぼたん》色のお花、小さいけどかわいいね」「あの煉瓦《れんが》色のコール天のスカートお洗濯したよ」

私が幼児だった頃、母がこのように言っていたことを、私は今でも記憶している。ひっくるめて「赤」と呼ばれる色の中にも、ニュアンスの異なる様ざまな色合いがあることを知らず知らずのうちに学んでいたのだろうと思うが、それは私だけではなく、私たちの世代の人間は、大なり小なり日常会話の中で語り分けられ、認識させられてきたと思う。

今年も幼稚園の年長児の「十月の歌」がこの「まっかな秋」だった。

歌詞は一番から三番まであるが、歌いやすい一八小節のメロディーを、三回くり返す有節歌曲なので、子どもたちはどの子も、すぐに覚えて大きな声で元気よく歌っていた。だが私はそれだけでは「本当に歌う」こととは違うと思っている。それで良しとするのは子どもたちを、みくびる行為だと思っている。たった一八小節といえど、本当に「歌う」ということは(歌い込むということは)、大きな声で元気よく、楽しそうに歌っているだけであってはならないと思っている。「楽しそうに」ということと、本当に「楽しい」ということとは違うのだ。それは「体験」したことのある者にしか解からない。たとえそれが五歳の子どもであっても——。

その歌を初めて教える日、私は深紅のTシャツを着て行った。そうして子どもたちの前に立ち、子どもたちがひととおり歌うのを聴いた。「まっかだなーまっかだなー」と、例によって大きな声で元気よく歌っていた。機械的に同じことをくり返して叫んでいただけであって、作詞者の思いを「歌っていた」のではない。前もって用意しておいた壁一面の紅葉した蔦の写真を持って、ある先生に壁ぎわに立ってもらい、また別の先生には、もみじの写真を持って別の方向に立ってもらった。一度めと二度め、異なる方向、異なる距離のところにある「蔦」と「もみじ」を見て歌うようにしたら、それぞれのフレーズに自ずと強弱が生まれ、各フレーズの歌い方にも変化が現れた。大きな声で元気よく機械的に同じことをくり返して歌う「まっかだなーまっかだなー」ではなく、「まっかだな!!」と「まっかだな…」に変わっていった。

「みんな、今、ちえ先生が着ているこの服、何色？」「赤！」「じゃあ、この黒いピアノ・カバーの裏側、これは何色？」「赤！」「そうね、それじゃ、このプラカードの色は？」「赤！」「みんなが着ている体操服の肩のところの色は？」「赤！」

——子どもたちが「赤」と答えたそれぞれの色の違いをしっかり認識させて、日本には昔から、それぞれの違いに合わせた「紅色」「朱色」「茜色」「臙脂色」という呼び名があることを教えた。そしてそれら以外にも、緋色、牡丹色、煉瓦色など、いろんな呼び名の色があるということを色見本を見せて教え、また、白とペアにして「紅白」と呼ぶときの花や菓子類の色は、桃色や桜色でも「あか」と呼ぶというようなことも合わせて話した。

子どもたちは「ふうん」というような顔で、神妙な顔つきで聴き入っていたが、あとで、「これは何色？」と訊ねると、それらすべて、教えたとおり正しく厳密な色名を答えたので担任の先生たちも驚いていた。

「さて、みんな、真っ赤ってどんなことかわかる？」「赤い色！」「どんな？」——シーン。「あのね、真っ赤ってね、うすい赤じゃなく、濃い赤色のことだよ」——キョトン。「濃い赤色ってね、赤い赤い色のこと。わかる？」「うん！」〝赤い・赤い〟と重ねて言うと多くの子どもが頷いていた。

子どもたちは「まっか」というような言葉を一般に、どのような場面で、どのように知っていくのだろう。いろがみ、クレヨン等の、色の名前として「あか」や「あかいろ」という言葉は知っている。だが、「真っ赤」という言葉を改めて習うことは日常生活においてはあまりないように思う。大人には当たり前すぎて。念のために訊いてみた。「プールで毎日あそんで黒い黒いお顔になったら何て言うの？」「まっ黒！」「そうね、じゃあ、白い白いシーツが干してあったら何て言うの？」「まっ白！」「青い青い色は？」――元気な男の子が大きな声で得意気に叫んだ。「まーあお！」――担任の先生たちも吹き出していた。

だが、そうなのだ。子どもたちが、特に今の子どもたちが、日常生活の中で言葉を獲得していくことが昔の子どもたちに比べて難しい状況にあるのは、日頃、周りの大人たちが丁寧な会話をしていないこと、子どもに理解できる言葉できちんと説明して教えていないこと、加えて、テレビという魔物が、貧しい言葉や間違った言葉づかいを連発し垂れ流していること、など原因を挙げればきりがない。

――せめて、歌の中で、豊かな言葉や言葉づかいを丁寧に教えて行きたいものだと思う。

ひとつひとつの単語を、できれば本物、なければ写真や写実画を使って教え、言葉の羅列ではない、イメージを伴った言葉を、メロディーに乗せて歌うことで、本当に「歌う」

ということがどういうことなのかということを子どもたちは体験し、そして全員の歌声が揃ったときの心地良さこそ、心から、本当に「楽しい」ことなのだと思い知る。そのためにこそ、幼児には、それぞれの年齢の音域に合った、音程のとれるメロディー、しかも日本語のアクセントやイントネーションに合った本ものの「歌」であることが大切なのだ。

子どもたちの歌がすばらしく変わると、いつも他の先生たちが「ちえマジックにかかった」と言って笑っているが、周到な準備をし、子どもをみくびらず、本気で真剣に向き合ったとき、子どもたちの歌声は必ず変わる。それほど子どもたちは信じるに値する。

歌を教えるのではない。歌で何かを教え感じさせることが、本来の「歌」の目的なのだと思う。

似非《えせ》「子どものうた」ではそれはできない。

（二〇一〇年十一月号より）

役割りを果たすことが「生きる」こと

八月初旬、東日本大震災後初めて岩手県へ行った。

実は、数年前から、一関市の、ある短期大学幼児教育科の教授からの依頼で、そこの学生たちのために、音楽や幼児教育についての話をしに、毎年夏休みには岩手県のその短大へ出向いていたのだが、震災で、創立八十周年を迎えるというその学校自体も被災したと聞いていたので、今年の夏はプライベートに様子を見に行こうと思っていた。だが、何というめぐり合わせか、今年は、岩手県私立幼稚園連盟県南支部というところから依頼があり、その地域の私立幼稚園の先生方、つまり、被災地の「現場」で、幼児教育に携わっている人たちを対象とした夏期研修会の講師として出向くことになった。

岩手県の県南ということは、宮城県との県境に近いということもあり、三月の震災では地震による被害だけでなく、大津波の被害を受けた園も多いと事前に聞いてはいたが、実際、その夏期研修会が行なわれた当日の朝、五ヵ月近く経っていたというのに、まだまだ道路が整備されていなくて、迂回や渋・停滞のため、大船渡から参加された何園もの先生方が遅刻して来られた。陸前高田の幼稚園は、まさしく、全壊・全滅し、復興の目処は立たないという。

その日の研修会は「子どもの心を耕す」というテーマであった。私はあえて音楽の話をしなかった。「絵本」の話を中心に、読み聞かせのポイントや、絵本の選び方などについて、そしてまた、「子ども」の特性についてを話し、発見や感情移入を誘う絵本を与えようというような内容を語らせてもらった。加えて最後に、「このたびの大地震や大津波という未曾有の体験が子どもたちの心にどれだけ大きな傷あとを残したか計り知れない状況の中で、今こそ、先生、あなた方の生き方や仕事ぶりが問われるときです。しっかり生き、しっかり子どもたちを抱きしめ、愛し、育てて下さい。何年後か何十年後に、その子たちが必ず、自分の生き方でその思いを返してくれると信じて――。昔から三ッ児の魂百までと言いますが、子どもというものは、本当に、信じるに値する存在です。希望を持って、今こそ希望を持って、一緒にがんばりましょう！」そう話し終えて一礼すると、会場内の参加者のうちのどこかから嗚咽する声がもれてきた。見ると何人かの先生が泣いている。私はその先生たちの気持ちが自分のことのようにわかるような気がした。身内を亡くした人もいるだろう。家を流された人もきっといる。自分自身のことですら立ち直れないかも知れないほどの目に遭い、どうしたら良いのかわからない、いやわかっていても立ち上がる気力も出ないほどの、それまでの生活への「喪失感」。悲しく、辛く、切ない日々。だが職場に行くと毎日、目の前に子どもたちがいる。ひょっとしたら自分の子どもを失くした先生もいるかも知れない。でも幼稚園には、毎日、確実に園児たちがいて、自分を求めている。やらないといけないことは決まっている。頑張らなければ、頑張らなければ……。

悲しくても、苦しくても、辛くても、切なくても――。だが、元気が出ない――。

別の意味で、少し辛いことを抱えながら、今もって立ち直れないでいる私は最後の言葉を、自分に言い聞かせるように言ったと思う。心から連帯したかったのだ。今こそ、自分の生き方や仕事ぶりが問われるとき――と。「希望を持って、今こそ希望を持って、一緒に頑張りましょう！」と。

私はあの会場にいた幼稚園の先生方に、本気で、心から本気で、連帯したいと思った。今もそう思っている。

その気持ちが通じたのか、大きな拍手が湧き、会場の体育館中に響いた。来られたときの人々の表情と全く違い、泣きながら拍手をしている人もくしゃくしゃの顔で、その人が自分に拍手をしているようだった。自分を奮い立たそうとして拍手をしているようにとれた。私も思わずその人たちのために拍手をしてしまった。

帰りぎわ、二人の男性と何人かの女性がわざわざ私のところへ来て、お礼を述べて下さった。そのうちの一人は、

「先生、今日、本当は来る元気もなかったんですが、欠席する勇気もなくて、来ました。でも本当に来て良かった！前向きになれました。そうですよね、自分を必要としている人がいると思えば、頑張れますよね。今日から本当に、前向きに頑張ります！」そう言って涙を浮かべながら私の手を握って帰られた。

——来て、良かった——私も心の底からそう思い、胸がいっぱいになった。

実は、岩手県にいた三日間、私は毎日、異なる仕事のボランティアをしていた。一日めの前半と二日めは、短大の学生たちのための講演とワーク・ショップ。一日めの後半は、ピアノ指導者のためのレクチャーと公開レッスンだった。十数名のピアノの先生が来られた。世話役の方から事前に聞いていた話によると、地震、津波、どちらもかなりの被災状

況で、中には、生き残ったのは、家族の中で自分一人だけというピアノの先生もいた。三月十一日以降、何度か研修会や講習会のような集まりがあったそうだが、その人は半年間一度も顔出しせず、他の人たちも声掛けし難く、私が行ったその日まで、ずっと誰もが会えなかったという。

何年も前からその協会の研究会の講師に招かれて出かけてはいるが、私にとっては、それがどの女性なのか、名前や、まして、そのお顔を知るすべもなく、個人的に励ましの言葉をかけることなどできない状況であったが、公開レッスンを受け、レクチャーを聴いて下さる方がたの中にそういう人がいるというだけでも、言葉づかいには、細心の注意を払ったつもりでいる。その日の依頼はオール・ショパンの公開レッスンとレクチャーだった。

全ての曲が終り、解散しかけたとき、私は出口に向かうすべての人びとに聞こえるよう大きな声で、だが心をこめて、ゆっくり話した。

「皆さん、銃を持って戦うことだけが愛国心なのではなく、自らの音楽の才能を生かして、ポーランドの人びとがどんなに不幸で悲運な歴史を歩まねばならなかったかということを、ポロネーズやマズルカに託して、芸術的に高度な作品を書き残すことによって、後世の、外国の私たちにも知らしめる役割りを果たし続けているショパンという人が、私は大好きです。人にはそれぞれの役割りがあります。命ある限り、人には何かの役割りがあると思います。きっとお大変な状況と思いますが、一人でも生徒さんが来られたとしたら、こんなときこそ、人が立ち上がり生きて行く力になるような本ものの音楽を、どうか伝える役割りを果たして下さい。皆さんを必要としている人が必ずそばにいます。どうか、元気を出して、一緒に頑張りましょうよ！」

出口に向かう人々の背中に向かってそう話すと、ある一人の女性が歩みを止め、私の方に向き直り、涙を浮かべながら何度も何度も頷き、そして深ぶかと頭を下げて帰って行かれた。

きっとその人に違いない、そして、きっとその人は前向きになって下さる、と、私は確信している。希望を持って。

（二〇一一年十月号より）

予期せぬできごと

9月下旬、初秋のパリへ出かけた。

街路樹が色づき始め、小雨に煙る午後も、また、真っ青な空に白い雲がたなびく朝も、どこを切り取っても〝絵になる街〟だなと思った。しかも十九世紀の佇まいがそのまま残っている住居や石畳の道、教会、パッサージュ（アーケード街）等があるかと思えば、まさに現代的な建物、あるいはファッショナブルな店舗が隣接して立ち並んでいたり、またそのことに何の違和感もない不思議な街だと思った。これまで、ドイツ、オーストリア、チェコ、ポーランド、イギリス、イタリア、ハンガリー、等々いろんな国の、しかも異なる都市や同じ都市も含め、数えきれないほど何度もヨーロッパへ出かけているのに、なぜかパリは、行く予定でいたにもかかわらず出かけられない事情が生じたり予定が狂ったり、要はこれまで何となく縁がない都市になってしまっていた。だが私は、自分の足腰が立つうちに、ショパンが生涯の半分を過ごし、孤独に生きた「異国」としてのパリを、実際に自分の足で歩いて確かめてみたいと思い続けていた。ショパンが二十歳でワルシャワを後にし、ウィーン到着直後に祖国で革命が勃発したことにより、敵国となってしまったその地ウィーンでの、辛い生活や苦悩を経て、翌年やっと向かうことのできたパリ——少しの希望と大きな不安を持って馬車から降り立ったであろうショパンの目に映ったパリの街角や、長年、様ざまな思いを抱いて過ごしたに違いないパリでの現存するすべての住居と住居跡までを、自分の目と心で確かめ見て廻ることで、ショパンのパリでの生活や、「異邦人」として生きた彼の、「孤独な魂」に近づけるような気がしていた。走っているのが馬車から自動車に変わっただけで、当時の画家たちの絵やバルザックの小説などから想像していた街並みと、印象は少しも変わらなかった。その頃から残されている道や、建物などを見ながら舗道を歩いていると、今はアスファルトになっている大通りでも、両脇にそそり立つ並木の一本一本の木肌や、当時のまま残されている、つまづきそうになる石畳の坂道の、くぼみにできた水たまりまで、何かとてもいとおしいもののように思えた。古き良きものを葬り去ることなく、超現代的なものも受け入れることのできるパリという街。意外なほど黒人の人達も多く、あらゆる国のあらゆる人達が生活し往き交うパリという都市は、やはりどこよりも「革新」や「自由」が求められる都市であるように感じられた。歩き煙草の人が多くて、すれ違うたびに咳の心配をしながらというのも困ったことだったが――。

ショパンはパリで八回も引越ししている。つまり、十八年の間に、九カ所もの異なる住居を転々としているのだ。その事情や理由、そしてそれぞれの環境や様子、家具等についてまでも彼は親友や家族宛の手紙の中で言及している。それらを思い出しながら、一つひとつの住居や住居のあった付近を訪れて廻った。パリ滞在中、雨の日があったり、夜は二日間オペラを観る日があったり、木曜日の午後と土曜日の午前中にしか入館できない「パリ・ポーランド歴史文芸協会」（ショパンが一八三三年から会員になっていて、入会できたことを光栄に思うという旨の礼状が残されている。その手紙の自署に、従来の説とは異なる彼の正しい生年月日も記されている。）を訪れる都合もあり、転居順ではなかったが、探しながらすべての居住地を訪れてみた。ポワソニエール大通り27番地の最初のアパルトマン、シテ・ベルジェール4番地（現在はヴィクトリア・ホテルの一部。三六年～三八年まで向かいの3番地にハイネが居住していた場所）、ショセ・ダンタン通り5番地及び同38番地跡、（両番地ともオスマン通りの貫通により建物は消失したが、ショセ・ダンタン通りそのものは現存)、トロンシェ通り5番地、ピガール通り16番地(現在のジャン・バプティスト・ピガール通り20番地)、そして、スクワール・ドルレアン9番地。——同じ敷地内の別棟(5棟)上階にジョルジュ・サンドの住居があり、建物が四角く取り囲むように建てられている、噴水のある中庭を挟んだ、斜め向かい9棟地上階(日本風に言う一階)にショパンの住居があった。サンドとの愛やその家族をめぐる苦悩と別れが、確かにここにはあったのだと思うと、今もそのまま残されている噴水や、整然とした中庭の、風にそよぐ美しい花々まで何かとても生なましく感じられた。シャイヨー通り74番地(四九年六月より病気療養のため十週ほど一時的に転居。現在のトロカルデ広場付近で六七年のパリ万博の際アパルトマン消失)、加えてヴァンドーム広場12番地(最期を迎えた日当りの良い高級アパルトマンの中二階。一階は現在ショーメ宝石店)、合わせて九つの、現存する住居や住居跡を廻り、パリ・ポーランド歴史文芸協会や、サン・ルイ島の、セーヌ川沿いにある一部工事中のランベール館(チャルトリスキ公が買い取り、当時亡命ポーランド人の拠点となっていた館)まで、ショパンゆかりの地を本当に効率よく廻れたものだと我ながら感心した。連載中の音楽雑誌で使えそうな写真もたくさん撮れたし、感じたことや思ったこと、調べたこともたくさんメモして、言わば取材としては最高の、予定どおりの旅だったと思う。

ところが——

人生には予期せぬできごとが往々にしてある。

帰国二日前、金曜日の夕方のことだった。時間があったので買物をしにホテルから歩いてプランタン（オスマン通りに面した一八六五年創業の老舗百貨店）へ行った。買物を済ませ、足が疲れていたのでタクシーに乗るために近くのタクシー乗り場へ向かった。そのタクシー乗り場付近で、何と私は、生れて初めてスリに遭ってしまったのだ。ジプシー風の三〜四人の女性が追いかけてきてそのうちの誰かが二度ぶつかった。二度目に怪しい!?と思い、何かチラシのような紙を持った手が私のリュックにぶつかってきたとき、その女の手首を捕え、「No！」と叫ぶと彼女達は散って行ったが、少しして念のためにリュックの止め金をはずし、チャックをあけてみると——パスポートやクレジット・カード、財布、手帳、喘息の発作止め吸入スプレー等、私にとっての貴重品をまとめて入れているセカンド・バッグがそれごとなくなっていた。リュックも開けずに、13×23センチ、厚み数センチもあるセカンド・バッグを、しかも一瞬にして、どうして抜くことができたのだろう？

よく見るとユーロの入った財布だけが抜け落ちたのかリュックの底に残っていた。だがそれよりもパスポートがなくては日本に帰れない。冷静に考え、直ぐ、買物の後で免税の手続きをしたときの親切な職員の男性のことを思い出した。そこに戻って日本大使館に連絡して貰い、同時に日本に電話をしてカード停止の手続きをし、最も近い警察を探して被害届を出した。そのコピーを貰い、地下鉄の駅入口のボックスで撮った証明写真を持って、翌日の朝、指定された時間にパリの日本大使館へ行き、「帰国のための特別渡航証」というパスポートに代わるものを作成して貰い、やっと日曜日の朝、予定通りの便で帰国の途に就けた。

これらのことは滅多に体験できることではない。まさに予期せぬできごとだったと思う。だが、本当に予期せぬできごとが起こったのはそのあとだった。

私が飛行機に乗ってパリからアムステルダム経由で関西空港に向かっている途上の時刻に、パリから女性の声で自宅に二度も電話があったという。パリでのスリ事件について伝えられていた夫は、怪しいという先入観もあり、内容がよく解からず、とりあえず相手の電話番号だけは聞いて控えておいてくれた。するとしばらくして上海に住んでいる知らない日本人女性から電話があったという。帰宅直後その上海の女性に電話をしてみたら、何と、その女性の、夫の、弟の、ガールフレンドというフランス人女性が、パリでバスの座席下に捨ててあったという私のセカンド・バッグを見つけ、中にパスポートが入っていたので、落とし主がさぞかし困っているだろうと心配し、一刻も早く戻してあげようと思って私の宿泊先のホテルの電話番号を訊くために、パスポートに記載されていた私の家へ国際電話をかけたのだという。そのスリは予備に入れていた日本円だけを抜き取り、足がつきやすいカード等はそのまま捨て去ったのだろう。（日本人のパスポートは何百万円という高額で売買されると聞いていたけれど。）

その後一〜二週間経ってそのフランス人女性によってパリから送られてきたセカンドバッグが、私の手元に戻ってきた。実は、私にとっては抜き取られたお金より、大切な写真や取材メモの入った「手帳」のほうが、失くしては困る大切なものだった——。

外国でスリに遭い、怖い思いや嫌な思い出を持った人は何万、何十万人といる。だが私のように、そんな親切で心の美しいパリの女性や上海の女性のような人に出会うことなど、こんな世の中では奇蹟に近いことだと、外国在住の友人・知人は言う。

このような奇蹟に出会ったことこそ、予期せぬできごと、しかも今回の旅での一番の思い出になった。

（二〇一二年十一月号より）

リズムって何？

私がピアノを教えている生徒達の、世間でいうところの〝発表会〟――「リトルピアニストのつどい」では、長年、前半は一人ずつ全員の独奏、そして後半は、全員で取り組むアンサンブル中心のプログラムにしている。毎年、私が選んだテーマに基づいて、一年かけて、そのことに関連したいろいろなことを、見たり聴いたり調べたり、確かめたり考えたり、そのことで生徒達が、音楽を超えて、歴史や社会、人の生き方までをも考えられるようになってほしいから。

ピアノは基本的に独奏楽器なので、そういう楽器の性質上、ともすれば一人よがりであったり、自分勝手な人間であったり、単なる自己満足に終止したり、と、言わば「他者」に合わせたり思いやったりする習慣のつきにくい楽器であればこそ、協調性や他者への気づき、共感、連帯、といった体験を意図的に用意しなければ、本ものの音楽を見抜く力は養えないと思っている。そのような思いがあって私は、四十年間、毎年必ず、生徒達に何か一つのテーマを与え続けてきた。

今年のテーマは「リズムってなあに？」という問いかけだった。

西洋音楽には、リズム、メロディー、ハーモニーという三要素がある。その中でも「リズム」は最も原始的な要素と言える。メロディー（旋律）や、ハーモニー（和声）変化には必ず「リズム」が内在し、それぞれが単独で存在することはあり得ない。だが、リズムだけは、それが単独で存在し得る。祈りの言葉に節がつき、単旋律となり、西洋音楽史の始まりとされている「グレゴリオ聖歌」誕生の遥か以前から、（そもそも祈りであれ何であれ、言葉そのものにさえリズムは存在しているが）人々は手を打って喜びを表したり、同じ言葉を唱えるときや踊ったりするときに、石や貝殻を打ち合わせたり、物を叩いたりすることで気持ちを一つにすることを知っていた。それらは、何かの合図であったりテンポや「入り」の指示でもあり、人々の共通行動の「指揮」や「統括」でもあったに違いない。原始時代から人々は「リズム」の作用を知っていたのだと思う。万博記念公園の中に国立民族博物館があって近いので生徒を連れて何度も訪れているが、世界中の、しかも古い時代ほど、様ざまな国や民族の楽器の中に、何と「打楽器」の種類の多いこと――それだけでも、「リズム」というものが、どれだけ人間の生活に密着したものであったかということが、子ども達にもよく理解できると思う。

赤ん坊がこの世に生まれ、まだ何の能力も育っていない月齢のときでさえ、抱かれて背中などをやさしくトントンしてもらうと安心して寝入ってしまうのは、同じ強弱、同じ間隔、つまり同じリズムの繰り返しが、その先の「安心な時間」を予測させるからであり、それだけで「リズム」の作用を知ることができる。そしておだやかな日の海の波音、潮騒が、海辺でまどろむ人の眠りを誘うことも事実である。動物や人の動作、乗り物の揺れ、鳥の羽ばたき、光の点滅、寄せては返す波（の動き）、風にはためく洗濯物、等々、「音」以外にも、日常、ありとあらゆる形で「リズム」は存在するのだ。

そのように考えると、「リズムって何？」に対する明確な解答は、「進んで行く〝時間〟を刻むもの」という以外に答えようがない。とても哲学的な言葉になってしまうが、間違いなく成り立つのは、リズムというものは、まさしく、進んで行く（過ぎて行く）時間を、等分や不等分に刻むものの総称であり、また、それを感じたり意識したりすることがなければ、人間にとっては意味のないものとも言える。

このことは、人間が「生きている」ことと密接な関係にあると思う。今流に言えば、「動画」に在って「静止画」にはない、また、「時間」に在って「空間」にはない、それが「リズム」というものであり、人が生きていなければ（進んで行く「時間」を保有していなければ）「リズム」は感じることも、意識することも不可能で、また、過ぎゆく一方のものだから、残すことも取り戻すこともできないものなのだということに思い当たる。――考えてみれば、人間が、息を吸って吐く（呼吸している）こと自体がリズムであり、朝起きて夜休むこと、摂食、排せつ、心臓の鼓動そのものさえリズムなのだから、「リズム」というものは本当に、自分が「生きていること」によってしか、感知・認識できないものと知り、森羅万象の「リズム」を、自分の命と、リバーシブルに考えられて良かったと思った。

「リズム」はメロディーやハーモニーを持たずとも、音楽として単独で存在し得る。アフリカの黒人による様ざまな太鼓のリズムは、それだけでコミュニケーションであったり、人を楽しませる多くの音楽的な要素を持っているし、韓国のサムルノリ（杖鼓・銅鑼・鼓・鉦の四種の打楽器を用いて行う民俗音楽＝農楽）など、私自身が若い頃、初めて目の前で聴いたとき、体内の血が沸騰して逆流しそうになった。

リズムというものは、また、楽器などなくても、体さえあれば身ひとつで、楽しんだり他者とコミュニケーションをとることもできる。二年前、やはり「リトルピアニストのつどい」の中で親子で踊った「アイリッシュ・ダンス」は、足だけのリズム・ダンスで、アイルランドの言わば民族ダンスだが、上半身は全く使うことなく、本当に足のステップのみ――その動きや足音のリズムだけで人々の気持ちが一つになる。アイルランドは元々ケルト民族の国だが、12世紀半ば以降、一九二二年までイギリスの支配下にあった。ゲール語（ケルト語派の言語の一つ）の禁止と共に、民族意識を高めるとしてダンスも禁止されたとき、窓の外から見られても判からないように、足だけで踊り続けたというのがアイリッシュ・ダンスの始まりと伝えられている。しかもイギリスへの抵抗運動でとらえられ、後ろ手に柱に縛られて投獄されているときでさえ、ケルト人達は、牢獄で相互に、足（タップ）のリズムだけで励まし合い、心を通わせ、生きることへの希望を持ち続け、その伝統が「アイリッシュ・ダンス」として残されているのだから、「リズム」は人を励まし、人の命を支えることまでできるのだ。言葉を超えて、人間の感情や気持ち、魂までをも伝え得るということではないか――。

インターネットによって世界中、瞬時にしてあらゆる情報が行き交う時代になったが、少し前まで、「モールス信号」というのがあった。年配の人は、「ああ、あの、トン・ツーの、」と思い出されることと思う。モールスというアメリカ人によって発明された電信用の符号であり、短い発信と長い発信の組み合わせでアルファベットのすべて、数字のすべてを表すことができ、十九世紀半ばに世界で実用化された。二十世紀の通信技術の発達によって一九九九年に廃止されたというが、それまでは世界共通の電波通信として、例えば海難事故などのとき、SOSを発信した船舶が、それを受信した人たちによって救助された例は夥しくあったことと思う。そのことを思えば、指先の操作――発信者の指先で刻む「リズム」は人命救助に繋がり、言うなれば、「リズム」に人の命がかかっていたことになる。リズム感が良いということが、モールス信号の発信・受信に有利とされ、確か、サヴァリッシュだったと思うが、ドイツでピアニストとしても指揮者としても、若くして評価されていた彼は、第二次世界大戦の折、モールス信号担当のために二十歳前後の若さで徴兵されたと、何かの本で読んだことがある。音楽家が、音楽家の能力の一つとしての「リズム感の良さ」を、音楽に対してではなく、戦争のために利用されるというのは、ましてそれがナチスであったということは、どれほど自らの「リズム」に関する能力を、恨めしく情けなく哀しく思ったことであろうかと、想像に余りある。

そういえば日本においても、一九四一年に陸海軍が十二月八日を開戦予定日としていた真珠湾攻撃を実施したのは、「ニイタカヤマノボレ一二〇八（ヒトフタマルハチ）」の暗号電文がそれを表す「リズム」で誰かの指先によって発信されたことによる。「ニイタカヤマ（新高山）は、当時日本領であった台湾の山の名（現・玉山）で富士山より高く、当時の日本の最高峰。「ヒトフタマルハチ」は十二月八日のこと。「日本時間十二月八日午前零時を期して戦闘行動を開始せよ」の意の符丁（仲間だけに通用する暗号）であった。戦争回避で攻撃中止の場合の電文は「ツクバヤマハレ」だったがそれは発信されることなく「ワレ奇襲に成功セリ」を意味する「トラ・トラ・トラ」が発信されたことは、映画等でも多くの人に知られているところである。

「ニイタカヤマノボレ」と、宣戦布告なしに開戦攻撃を指示することに繋がった「リズム」を発信した人は、どんな人だったのだろう。その人のリズム感が、「戦争」にではなく、「音楽」に利用されるような仕事だったら、どんなにその人は幸福な人生を歩めただろう。その対国アメリカによって世界初の原子爆弾を落とされた三年八カ月後の広島・長崎は少なくとも史実に登場することはなかったかも知れない、などと思わなくて済んだに違いない。

辛うじて戦後に生まれ、「戦争を知らない子どもたち」と歌われ、自分のリズム感を「音楽」のみに費やすことのできる人生を歩んで来れたことを、心から幸福に思う。

竹太鼓やバンブー・ダンスで「リズム」を楽しんだ生徒達・父母達に、私が一番伝えたかったのは、人が繋がるという幸福のためにのみ、「リズム」があり続けてほしいという、その一点だけであった。

（二〇一三年九月号より）

表現力を生きていく力に

最近、人に何かを伝えるときに、携帯メールで、ありきたりの単語や絵文字等を使って連絡する人が増えた。そして受け取る側も、「了解」の一言で済ませている人が多い。そして、そういうやりとりの回数が多かったり、時折にでもメールのやりとりがあれば、「その人とコミュニケーションを持っている」とか、親しい友人である、とか、お互いに解かり合っていて信頼関係がある、と思い込んでいる人が多いように見受けられる。電車の中でも駅のホームでも、そういう人達で溢れている。そういうものがなかった時代、一枚の葉書きに、季節の移ろいを発見し、それを表す言葉や相手を気遣う言葉を書いて、なお、最も大切な用件を、限られたスペース内に収められるよう、文字数や文字の大きさを考えて単語を選んだり、文章をまとめたりする能力を人々は持っていたと思う。しかも文末には、「お元気で」とか「御健康をお祈りします」とか「御多幸をお祈りします」などと、相手に対する願いや祈りの言葉まで書かれていた。小さな限られたスペースに、それだけのことを表現するためのコミュニケーション能力を、おそらく誰もが持っていた、あるいは持とうとしていたと思う。実は私は今でもほとんど毎日のように葉書きを書いている。携帯メールどころか、至急の用事以外には電話も使わない。おそらく普通の人に比べたら仕事量は多く、多忙な毎日だが、それでも私にとっては、葉書きを書くことが携帯メールに代わることは、やはりおそらく一生ないだろうと思う。

先週、大学の授業のための教室が推薦入試のために変更になったとき、その学内表示をきちんと見ていなかったらしく時刻になっても来ない学生がいたそうで、講師がその旨、携帯メールで学生に伝えると、学内のどこかから「了解」のみのひとこと（！）返信が来て、遅れて教室に入ってきた学生がいたということを研究室で耳にして、私は信じられない思いがした。そんな子に、一体誰が育ててしまったのだろう。

いつも周囲の状況に敏感でいること、いつもなすべきことに集中すること、そのための心の持ち方や努力、状況変化への柔軟性、他者への「伝え方」や、自分の気持ち、考え等を過不足なく表現するために言葉を選んだり、タイミング良く伝える、などという行為や生き方は、相手（他者）に対する誠意であり、私はそういうことをピアノや音楽の道で学んできたと思っている。私にとっては、日頃、「長ながと何が言いたいのか理解できないような長文メール」に慣れている若い人達や、先生の親切に「了解。」のみのひとことを返信メールして暮らしているような学生がいること自体、想像を絶する世界である。

さて、ピアノの先生は、生徒達に対して、よく「心を込めて弾きなさい」という言葉を使う。だが、子どもたちには、その「心をこめて」という言葉が一体どういうことなのか、その言葉の使い方や何となくの意味は知っていても、具体的にどうすれば良いのか、本当はわかっていないことが多いのではないかと思う。私は自分の生徒には、「心をこめて弾くというのは、誰かのため（その人のため）に弾くということなんだよ」と教えている。今、自分が一番聴いてほしいと思っているその人のために弾くということなのだと伝えている。「これを聴いて同じような気持ちになってほしい」とか「うっとりしてほしい」とか、「元気になってほしい」とか、「静かな気持ちを取り戻してほしい」とか、「楽しくなってほしい」とか、そのときの、その人に対する「今の自分の気持ち」を伝えることである――と。

自分が一番聴いてほしい人に、ピアノの音を用いて、どうしたらその曲の内容を伝えることができるのか、自分がその曲に感じたことや想像したことなど、どのようなテンポで、どのような音で伝えたらその人に伝わるのか、想っていることが思いどおりに伝わるように、伝える努力をすること、それが、心をこめて弾くということなんだよ、と、そのように教えている。

弾いている自分を少しでもカッコ良く見せようとしたり、誰かの真似をしているような演奏は、不誠実でもあり、基本的に本当の演奏ではない。本当の自分の演奏ではないのだから。

自分自身をありのままに認め受け入れることには勇気がいる。だが、そこから出発できてこそ、そうして初めて「音」も「音楽」も変わって行く。

音楽とは、自分自身を語ること、語るべき自分らしさを育てること、——自分が、人間として解放されて行くことに繋がるはずである。

だが、人は元来弱いものなので、なかなか自分自身をさらけ出すことができないということに加えて、自分でもなかなか自分自身をありのままに認めるということすらできないようである。それで、ごまかしたり、できていないことをそのままにして、できていることだけを、少しでもカッコ良く見せようとしてしまいがちなのだと思う。しかしながら実は、ピアノという習いごとは、（きちんとした先生のレッスンでは）嫌でもそんな弱い自分や、醜い自分に出会ってしまう。自分の性格や力量、人間性や、精神性の有り様等、滲み出てしまうのである。

私は、本当に強い人というのは、常づね、自分の、そういう人間としての弱さを知っている人、言わば、自分の弱さや欠点を認められる人のことではないかと思っている。なぜなら、本当の自分を直視できる人であり、そこから逃げていない人だからである。

本当の自分に対して素直になれる人は、自分も楽になり、また、他者に対しても優しくなれると思う。そういう人の演奏に出会う（聴く）と、たった一音でもその音に、たったワン・フレーズでもその音楽に、「その人らしさ」が表れていて好感が持てたり、ハッとしたりホッとしたりする。その、ハッとさせたり、ホッとさせたりする力が、本当の表現力ではないかと思っている。「小細工」したような演奏の中にはそれはなく、また、そんな演奏は人の心に届かないし、ましてや人の心にとどまることなどない。

音楽の本質は、「音」で何かを表現することである。ピアノの音で、楽譜に書かれた内容を思いどおりに他者に伝えるための練習の積み重ねである。たった一音でも、強さ・弱さの度合いや、硬い・柔らかい、長い・短い、軽い・重い、明るい・暗い、響く・響かない、浮く・沈む、等々、際限なくいろいろあって、思いどおりの音を出すための日々の努力が求め続けられる。まして、それらの組み合わせで、テンポ、音量、音質、響きなど、その曲やフレーズによって表現するべき内容や求められるもの（作曲者の要求）が異なるわけだから、きちんとした先生の指導は、音楽のみならず、「誠実な人間」を育てていくことに繋がるはず——言わば、自分を、過不足なく表現する努力の習慣がつく。そうして育った子どもたちは、言葉や態度、行動が、他者に対して不本意な伝わり方となっていないかどうか常に確認し、正当に伝わるための表現となるよう、言葉や手段を選んだり、表現方法を変えてみたりして、生き方の基礎ができるはずなのだ。人の生き方そのものが「表現」なのだから。

すぐに結果の出ないことに対してもコツコツと努力し続ける姿勢を養うこともできれば、一つのことに深くこだわり、そのことに時間をかける価値もわかる人間になる。ベスト・ワンではなくオンリー・ワンの価値がわかるように育つ。そのことで、「人はそれぞれ皆ちがう」ことを知り、そこに感動し、逆に「人間ってやっぱり同じだなぁ」と共感し、安心したり信じたりできるようになる。

「表現する」ということは、本当に表現している人と、「したつもり」で終わっている人と、その深さや伝わり度は大きく異なる。きちっと伝えきる努力とそのための工夫の習慣は、必ずや人を謙虚にし誠実にする。ピアノでそれを得ずして、何を得ようというのか――。

人より速く本が進むことやコンクールで受賞することが本当の上達なのではなく、「思い」がどれだけ深く伝わったかという「伝わり度」を上達と評価する、言わば「表現力の深さ」が評価基準となるような本もののレッスンを、どんなに初心者でも求め合いたいものだと思う。

ピアノを習う側も、教える側も。惰性を捨て、妥協せずに。

（ＮＨＫラジオ深夜便「ないとエッセー」二〇一三年九月二十日放送分をリライトし、一部加筆。）

音の記憶

電話機の前を通りかかったとき、タイミング良く呼び出し音が鳴った。すぐ手を伸ばして受話器を耳に当てた瞬間、「もしもし」という女性の声がした。ドイツに住んでいる友人ピアニストの声だった。（と思った。）「あ、伽倻《かや》さん？」と言ったとたん、彼女は絶句したように一瞬経ってから「えっ！どうして私って判かったの？」と訊いた。「だって、もしもしって言ったから、声で判かったよ」と言うと、「まだ、もしもししか言ってないのに――」と、とても驚いた様子だった。高槻とカールスルーエの距離、しかもかなり久しぶりだったにもかかわらず、私は、「もしもし」の四文字、正確に言うと、もとしの二文字の発音の繰り返しだけでその声の持ち主を特定していたことになる。それまで、私にとっては、そのようなことを特別不思議に思うようなきっかけも機会もなかったので当然のことと思い込んでしまっていたうえ、人も皆、そうなのだろうと漠然と思っていたが、どうやらそうではないらしいことを初めて意識した。

人にはそれぞれ得手・不得手がある。顔や名前は憶えていなくても人の声や何かの音を明確に記憶しているというのはどうやら私の特技のようだ。ただしそれは、そうしようとしてそうなったのではなく、おそらく、人の声や何かの音が自分の耳や脳裏に摺り込まれてしまったら、偶然、何十年経ても留まり続けているというだけのことで、別に自分が忘れないように努力しているわけでもなければ、「誰の声」か「何の音」かを自分で選んで自分の耳に残しているわけでもない。そう考えると、人の声や何かの音を何十年も記憶しているということ自体は、決して「特技」なのではなく、私という人間の、単なる「特性」に過ぎないのだとも思う。ひょっとしたら、人は誰でもそうなのかも知れないし、他者と自分の両方を生きることができないので、比べようがない。私にとっては、生れてから今日まで、六十六年もの間、出会い、顔を見たり、言葉を交わしたりした人は何万人もいる。世の中には一度会っただけで、相手の顔やその人の名前まで正確に記憶している人がきっと沢山いると思うが、不思議にも私は、顔を思い出せなかったり名前も思い出せなかったりするのに、その人の声だけは生なましく浮かんでくるという体験が絶え間なくある。似顔絵を描いたり名前を言うことには具体性があり、他者に知らせることもできるが、「声」や「音」は、明確かつ完璧な記憶があっても、人に伝えたり知らせたりはできない。三歳まで住んでいた家の裏のおばさんの声や近所の人の声など、顔はとっくに忘れてしまっているのに、当時のその人達の声だけは、今でも思い出すことができる。だがそれは自分の中だけのことなので、誰かに伝えることも、誰かと分かち合うこともできない、残念で不思議な現象ではある。

そんな私は、「声」のみならず、実は、何かの、思いがけない「音」も、克明に、多く記憶している。

家の前で遊んでいた二歳のとき、目の前を通り過ぎて行った知らないお爺さんの腰に差してあった長いキセルとその横の鈴が一歩一歩、歩くたびに振れ合って鳴っている音を聴いた。三歳直前のある日、家の前の道を行くチンドン屋さんの鉦《かね》の音を初めて聴いた。幼稚園のとき、四人乗りのブランコに乗って、生まれて初めてひしめき軋む音を聴いた。小学生のとき、母方の祖母の家で、井戸の中に自分の指先から水滴が落ちる音を聴いた。家の近くを流れていた絶えず聞こえる小川の水音、〝ロバのパン屋〟がやって来たときの拡声器を通した蹄の音、隣りの家の庭先で水を汲み上げるために上下しているポンプの音、バレエのトウ・シューズで初めて松脂《まつやに》を踏み砕いたときの音、等々、日常の音から特殊な音まで、私は今でもはっきりとそれらの「音」を思い出すことができる。というよりも、それぞれの場面において、私は、視覚的な風景や情景よりも、そのとき耳に入った「音」のほうが心に残ってしまったのだということが、今、やっと、認識できるようになった。幼稚園の遠足のとき、お弁当箱に何が入っていたのかなど全く憶えていないのに、食べ終わってふたをしたとき、小型のアルマイトの弁当箱とそのふたが自分でうまく重ね合わせられたときの音だけ明確に憶えているというのは一体、どういうことなのだろう。音という、目に見えない、形のない、人に伝えるすべを持たない記憶が、私の心の中に澱のように沈んでいて、何かの機会に時折、命をふきかえしたかのように生なましく蘇ってくるのだ。

四十数年前、私が大学に入学した翌年の秋だったと思う。高校時代の同級生で京都の大学へ通っていた友人が、ある日、久しぶりに電話をくれた。私は高校時代に病気で二年休学しているので、「同級生」は、入学した年の学年と、卒業時の学年と二学年あって、彼は私の高一時代に同じクラスだったから、大学は私より二年先に入学しているので、そのときは、今で言うところの〝就活〟時期だったと思う。それにもかかわらず、相変わらずいたずらっぽい声で私にかけてきた電話というのが――

「おい、俺な、ごっつうオモロイもん見つけてん。自分、絶対喜ぶと思うワ。今度の日曜、一緒に京都行こうぜ。それ、見に連れてったるワ。」

この場合、自分というのは相手のこと、つまり私のことで、「見に」は、正確に言うと、「聴きに」のことだと、行ってみて解かった。

彼が見に（聴きに）連れて行ってくれた、「ごっつうオモロイもん」は、京都の、妙心寺の中にあった。妙心寺には四十六もの塔頭《たっちゅう》（禅宗寺院で開山の祖師の死後、弟子が遺徳を慕ってその塔のほとりに建てた小院。大寺の敷地内にある脇寺。）があり、多くの重要文化財や史跡・名勝指定の庭園・寺宝が保存されている。彼に連れられてそこへ行き、「妙心寺」という文字を目にしたとき私は、思わず叫んだ。「知ってる、このお寺、中学のときの美術の教科書に載ってた！ヒョータンナマズノズだったっけ、国宝で…日本最古の水墨画！　そうそう、偉いお坊さんの禅問答も書いてあるとかって。オモロイもんって、禅問答のこと？」と訊くと、彼は、いつもの剽軽《ひょうきん》な仕草で、「オー・ノー・ノー・ノー」と言って舌打ちしながら人差し指を立てて左右に振り、「レッツ・ゴー」と言うや速足で歩き始めたので慌ててついて行った。

「ごっつうオモロイもん」とは「水琴窟（すいきんくつ）」のことだった——。

そのとき私は、生れて初めて水琴窟の音を聴いた。それは、日本庭園の技法の一つで、水の音を楽しむために庭園に仕掛けられた装置だった。つくばいの下深く、手水鉢の排水口の下に素焼きの水がめなどを伏せて埋め込み、その中に溜まった水に、手水からの水のしずくが落ちて反響し、弦をはじくような音を生じさせる仕掛けである。そんなことを考え出した何世紀も前の、日本人の庭師の〝粋〟にも感動したが、何より、その繊細な音の美しさ、柔らかな音色に感動した。西洋の貴族や豪族が、広大な庭園の一角に置いて、自然の風の方向や風量によって異なる音が鳴るのを、偶然の音楽のようにして楽しむ、「エオリアン・ハープ」も大したものだと思っていたが、そのとき初めて知った「水琴窟」の発想もそれに匹敵する、あるいはそれ以上の文化だと思った。

水琴窟で奏でられた音は、手水の量や流すタイミングにより、リズムが異なるのはもちろんのこと、オクターヴを上回る音程幅を持つ様ざまな音高の単音と、同時に響く和音まで、柔らかく繊細な音色で響いていた。私達はずっとそこにいて、来た人が途切れるたびに何度も自分達で水を流し、その音を聴いては顔を見合わせて笑い合い、「ファのシャープとド！」「ミ・ラ・レ〜」など、ひそひそ声で言い合っては笑った。あんなに耳を澄まして「音」を聴いたのは生まれて初めてだった。耳を澄まさないと聞こえないような小さな小さな、だがこのうえなく豊かな響きで心に大きく響いたそれらの音によって、私は「音は生き物」だと思った。二人で地面に這いつくばって、耳を澄まして聴いた水琴窟の音は、私の記憶の中でどんどん大きくなってきている。

その水琴窟に誘ってくれた友人は、大学卒業後しばらくして結婚、二人の子どもを授かり、一級建築士として活躍していたが、まだまだ働き盛りの五十歳代半ばに、劇症肝炎で亡くなってしまった。病気になる少し前に、他の友人達と我が家へ遊びに来たときには、相変わらず人なつっこい笑顔で楽しい話をしていたから、その後も元気でいると思い込み、同じように病気のことを知らずにいた友人仲間から訃報があって初めて知ったとき、本当にショックだった。

先月半ば、ピアノの生徒達の「今年の遠足」で妙心寺へ行った。雑多な音、押しつけがましい音、聞き流してしまうことが習慣化されてしまった、氾濫する「音」の洪水——そんな日々の中で、昔から人々が日常、「耳を澄まして聴いてきた音」があるということ、そういうものを生み出した人間がいたということ、そして何より、それがどんな音なのかということを知ってほしくて子ども達を連れて行きたかったから――。

私自身も、四十数年ぶりで水琴窟の音を聴いた。その繊細でやさしい音を再び耳にしたとき、初めてその音を一緒に聴いた、今は亡き友人のことを思い出して涙が溢れた。大学へ通いながらも、通院やリハビリ、薬の副作用等で、あまり楽しい思い出が作れなかった私を喜ばそうとしてそこへ連れて行ってくれた、その友人の優しさが重なった音のように思えた。

人は、風景や物を見て記憶が蘇る場合も多い。だが、音を聴き、その「音」の記憶が、その場の情景や人、そのときの自分や他者の気持ちを思い出させる場合もあるということを、今、改めて思う。

遠足で行った生徒達が、何十年か後にでも、「耳を澄まして聴いた音」があったということや、それがどんな音であったのか、その音の記憶を耳と心に残してくれたら嬉しい。そしてなぜ自分のピアノの先生が、自分達をそこへ連れて行ってくれたのかということにまで気づいてくれる日があることを信じたい。

（二〇一一年十一月号より）

少し長めのあとがき

本文でも触れていますが、私にとって初めての著書「子どもの眼の高さで歌おう」が出版されたのは一九八三年、――ピアノを教え始めてちょうど十年目、私が三十四歳のときでした。「町のピアノの先生が書いた本」ということが一人歩きして、多くのメディアに取り上げられました。暫くしてテレビの公共広告機構でも「子どもの眼の高さで見てみよう」というコピーが流れ始め、「子どもの眼の高さ」というキー・ワードは一時流行語のように広まって行きました。出版した年に全国学校図書館協議会の推薦図書やライトハウスの選定図書にもなり、「ピアノの先生」だけではなく各地の幼稚園・保育園、小・中・高校の先生方や保護者の方がた、そして全国の音大や教育大の課題図書として多くの学生にも読まれ、幸せなことに三十三年経った今もロング・セラーの一冊となっています。

芸術現代社から、その記念すべき初めての本の執筆依頼を受けたのは、実は私が今も書き続けている「ムジカ工房通信」の前進、「KF通信」を偶然目にされた、出版社の、ある方からの発案だったのです。「平易な言葉で大切なことが書かれている、リズムがあって読みやすい文章です。こんなタッチの文章でうちから本を出しませんか？」と東京から遙ばる我が家へ打診をしに来られたのが事の起こりでした。「KF通信」というのは「きたむらファミリー通信」の略で、その第1号発行（？）は、一九七八年、まさしくプライベートな親しい友人のみに、当時の近況やその日常の中で感じたこと、考えていることなどを伝える超私通信でしたが、そのときから「日常の隙間から」というサブタイトルをつけていて、それは今でも使っています。結婚して五年目の春に夫がそれまで勤めていた会社を退職し、その後初めてのお正月に、元同僚だった友人から年賀状が届き、そこに、「今年も友達と呼ばせて下さい」と書かれてありました。それがとても嬉しくて、私たち夫婦が思いついて始めたのが「KF通信」だったのです。

初めの頃は、鉄筆で書いたガリ版のような夫の手書き文字をコピーしただけのものでしたが、その後、ある生徒のお母さんが「和文タイプ」（なつかしい言葉！）を打って下さるようになり、何年か経つとその生徒自身が、当時出現した「ワープロ」（今の若い人達は知らない言葉かもしれませんが）で入力してくれるようになりました。そうしているうちにパソコンが一般化し、私の仕事上のスタッフやレッスンに通っている人たちなど、歴代の?親切な音楽仲間のお蔭で現在もパソコンによる入力が続いています。少しでも読み易くということで、最初から現在に至るまで、文字の書体や大きさの判断、割り付け、全体のレイアウト等は夫がずっとその役を果たしてくれていますが、「手書きコピー」「和文タイプ」「ワープロ」「パソコン」と、時代が変わり、四十年近く経ったというのに、実は肝心の私の原稿は、未だもって手書き。四百字詰め原稿用紙の桝目に2Bの鉛筆で文字を書き連ねた、まさしくアナログ的代物なのです。

そのために多くの方がたのお世話になりながら、最初は二桁だった発行部数が、四十年近く経った今は一〇〇〇部になっています。A4一枚で始まった紙面も、B5サイズ（B4の二ツ折り）からA4サイズ（A3の二ツ折り）へ、しかも4ページだてから8ページだてに増え、表紙写真もモノクロからカラーに変わりました。それに伴って長年愛読してくださっている方がたからは、「保管用のファイルやファイルボックスを取り換えたよ」と嬉しいお便りをよく頂いたものです。私達夫婦は二十代の頃から、当時「草の根運動」と呼ばれた市民運動の事務局等も担っていたので、この通信の内容も、音楽以外のこと、例えば、反戦・反核・反差別・平和や教科書問題に関してのことなど、自分達の思いを書くことも多くあったので、朝日新聞の記者が、KF通信のことを「紙つぶて」という見出しの大きな記事にされたことを今なつかしく思い出しています。

「KF通信」は「北村FAMILY通信」だったはずですが、多すぎる仕事や病気などで、「北村不定期通信」になったときもありました。この三十数年、月刊誌「ショパン」「レッスンの友」「ムジカノーヴァ」など常に音楽雑誌の連載を抱えていたので、「通信」に転載させてもらった号がいくつかありますし、七十夜を超えて出演したNHK「ラジオ深夜便〝ないとエッセー〟」からも、放送を終えた後、リライトして「通信」に掲載した文章も、いくつかあります。私は決して「もの書き」ではありませんが、日常の隙間から見えたものに関して、何かを感じ考え、語らずにはいられなかった自分なりの「思い」のようなものが、こうして文章として残ってきたのだと思います。

それはひとことで言うと、「人」を信じているということです。

いろいろなことが目茶苦茶な世の中になってしまいましたが、それでも私は、まだ――子ども達や若い人達に希望を持っています。それは「人間」を信じていないとできないことですから、やはり私は、まだ、人を信じ続けているということなのでしょう。古稀前のこの歳になっても――。そしてまた、「人」を信じられるかどうかは、他者や社会に対して真剣に向き合い、自分が何をしてきたか、自分がどう生きてきたかの裏返しでもあるような気がしています。いえ、ひょっとしたらそんな難しい理屈ではなく、ただ単に私は「人間」が好き、ということだけのことかも知れませんが。このような時代に、映像でもなく、電子書籍でもなく、こんな活字だらけの本を手にとって読んで下さり、その中で、一つでも共感して下さることがあったとしたら、本当にこのうえなく幸せに思います。

ＫＦ通信は一九九四年に改称して「ちえの輪通信」第一号となり、その八年後に仕事上の都合で「ムジカ工房通信」と変更しました。この長い道のりの中で、毎号素晴らしい写真を提供し続けて下さった写真家長島義明さんと、今も提供し続けて下さっている岡本央さんにこの場を借りて心からお礼を申し上げます。そして何より、三八年間も作り続け、毎号無償でこの「通信」を多くの人に送り続けてくれている私の夫や、作業を手伝ってくれている仲間達、加えていつも励みになるお言葉を返して下さる同志の皆様に心から感謝致します。

最後になりましたが、たまい・いずみ先生、素敵な表紙絵をどうもありがとうございました。

二〇一六年七月二七日　北村智恵

北村智恵（きたむら　ちえ）プロフィール

音楽教育家。

主な仕事は、ピアノ指導、楽譜の監修・校訂、作・編曲等。ＣＤの楽曲解説やコンサートのプログラムノート・新聞・音楽雑誌への執筆等も三十数年に及ぶ。相愛大学「ピアノ教授法」・「音楽学演習」講師。全国各地でピアノ指導者のための講座・公開レッスンの講師をつとめる一方、学校関係や、教育セミナーの講演も多い。幼稚園での歌唱指導やリトミック指導の実践も三十数年に及び、幼児音楽教育にも力をそそいでいる。

日頃クラシック音楽に疎遠な人たちのためのコンサートを企画しコメンテーターとして、クラシック音楽の普及に努め、'94年より9年間、大阪府文化振興財団主催「セミナー・コンサート」の講師を務めたり、阪神大震災や東日本大震災による被災遺児のためのチャリティーコンサートの活動も長年続けている。'97年地域における福祉・文化活動への功労として『ライオンズクラブ高槻基金』を受賞。また、七十夜を超えて出演してきたＮＨＫ「ラジオ深夜便　ないとエッセー」においても音楽と社会の接点を語り、広く共感を得ている。

音楽教育図書、ピアノ曲集など著書多数。なかでも、「シルバーエイジの今からピアニスト」は、日本で初めての高齢者を対象にしたピアノ教則本として、各方面から大きな反響をうけ、その指導内容や発表会の模様が、ＮＨＫのテレビ番組「にんげんドキュメント」として放映され、全国及び世界各地から大きな話題を呼んで何度も再放送された。
　また、２００４年に全音楽譜出版社より出版・重版されていた「ピーターラビット ピアノの本」は、現在㈱パナムジカより「ピーターラビットと学ぶはじめてのピアノ教本」としてリニューアル出版されているが、イギリスの原作絵本の各場面をピアノ導入本として作曲構成した、世界で初めての〝表現から入るピアノ・メソッド〟で、その指導上の工夫や画期的な内容、適確な教程は、専門家の間で高く評価されている。

主な著書
書　籍　「子どもの眼の高さで歌おう」（芸術現代社）
書　籍　「風の声を聴く子どもたち」（芸術現代社）
書　籍　「心を紡ぐ」（ハンナ）
ピアノ教則本　「ピーターラビットと学ぶはじめてのピアノ教本」全3巻（パナムジカ）
ピアノ曲集　「ショパンへの道」（音楽之友社）
連弾曲集　「5歳から100歳までの　ピアノ・パートナー」（全音楽譜出版社）
ピアノ曲集　「ブルクミュラー25の練習曲　op.100」校訂（全音楽譜出版社）
ピアノ曲集　「ブルクミュラー18の練習曲　op.109」校訂（全音楽譜出版社）
ワークブック　「わくわくおんがくワーク」（ハンナ）　など。

各駅停車の音楽人

二〇一六年九月十六日　初版発行

著　者　北村　智恵

発行者　大坪　盛

発行所　株式会社芸術現代社

〒一一一―〇〇五四　東京都台東区鳥越二―十一―十一　TOMYビル三階
電話〇三―三八六一―二一五九　FAX〇三―三八六一―二一五七

制　作　株式会社　ソレイユ音楽事務所

印刷・製本　モリモト印刷株式会社

定　価（本体一、五〇〇円＋税）

ISBN 978-4-87463-205-5